76歳 ドナウ河 1600kmを歩く
源流からブダペストへ

三好惇二
JYUNJI MIYOSHI

せせらぎ出版

▲これぞドナウ川の光景（ドイツ、ウルムの手前）p.34　▼Finkensuteinの眺め（ドイツ）p.37

レーゲンスブルクの石橋
(世界遺産、ドイツ)p.48

パッサウ、城の展望台から
手前ドナウ川、奥左イン川(ドイツ)p.50

レストランの夕食
(ドイツ)p.147

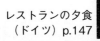

▲メルク修道院（世界遺産、オーストリア）p.81　▼エステルゴム大聖堂（世界遺産、ハンガリー）p.1

▲川の左側・ブダ、右側・ペスト。左の建物・王宮、真ん中・くさり橋、奥・マルギット橋。
（ブダペストのドナウ河両岸が世界遺産、ハンガリー）p.125
▼プレゼントをくれた子どもたち（Zentendorf村にて、オーストリア）p.72

はじめに

『歩く旅』を始めて18年が経った。２０１５年に中山道を歩いたときは、以前に比べて『歩く旅』が増えているように思った。書店にも「東海道」「中山道」「熊野古道」を歩いた旅行記が並んでいる。しかし、『歩く旅』をする人は、まだ少数派だ。交通機関や単車・自転車を使う旅が主流である。ヨーロッパでは、自転車の旅は盛んだが、『歩く旅』をしている人は、３回行ったなかで（サンチャゴ・デ・コンポステーラ巡礼の道を歩く人を除いて）４人しか出会っていない。

『ヨーロッパ横断徒歩の旅―ドナウ河に沿って』を終えて、

①『歩く旅』のおもしろさを世に広めたい。

②定年退職後、何をしようかと迷っている人の参考にしてもらう。

ために、この本を書いた。

長距離の『歩く旅』をして、そのつどまとめの文章を書いているが、65歳で歩いた『日本縦断北上コース（佐多岬～宗谷岬、日本海沿い）』と、喜寿（数えの77歳）で歩いた『ヨーロッパ横断徒歩の旅（ドナウ河に沿って、スイス・バーゼル～ハンガリー・ブダペスト）』はとくに印象が強い。なかでも『ヨーロッパ横断』は人との交流が多く、楽しかったので、これを出版することにした。

この本を読んでいただいて『歩く旅』をする人が一人でも増えることを願っている。

本文で使用した記号は、以下の通りである。
☆本とあるのは、加藤雅彦著『ドナウ河紀行』—東欧・中欧の歴史と文化— 岩波新書
　１９９１年　である。
☆ＣＳ　設置してあるキャンプサイト
☆ＴＳ　自分が決めてテントを張ったテントサイト
☆ＹＨ　ユースホステル
☆地名・名所は、読み方がわかれば日本語とアルファベットを併記しているが、読み方がわから
　ない場合は、アルファベットのみにした。
□本文中、右岸、左岸と多く出るが、下流に向かって右が右岸、左が左岸である。

郵便はがき

63円切手を
お貼りください

〒530-0043

大阪市北区天満1丁目6—8
六甲天満ビル10階

せせらぎ出版 行

お名前（ふりがな）	（男・女） （　　歳）		
ご住所	〒 （お電話　　　　　）		
メール アドレス		ご職業	
お買上 書店名	市 町村　　　　書店		小社から直接

愛読者カード

ご購読ありがとうございました。まことにお手数ですがご記入のうえ、ご返送ください。今後の出版企画の参考にさせていただくとともに、新刊案内などをお送りさせていただきます。

書名　**76歳 ドナウ河1600kmを歩く**

●本書をどこでお知りになりましたか

1．書店の店頭で見て
2．紹介記事・書評等を見て（紙・誌名　　　　　　　　　）
3．新聞・雑誌の広告を見て（紙・誌名　　　　　　　　　）
4．人にすすめられて
5．インターネットで
6．その他（　　　　　　　　　　　　　　　　　　　　　）

●本書のご感想をおきかせください

●今後の出版企画について、ご希望をおきかせください

*いただいたご感想は、新聞・広告・ホームページ等で匿名で掲載させていただくことがございます。あらかじめご了承ください。

目次

スイスを歩く

ドイツを歩く

オーストリアを歩く

スロヴァキアを歩く

ハンガリーを歩く

第2部　「歩く旅」のすすめ

旅のこぼれ話

「歩く旅」を始めるには

第1部 ドナウ河1600kmを歩く

ウクライナ
モルドバ
ハンガリー
ルーマニア
トゥルチャ
ブカレスト
ベオグラード
鉄門
黒海
ジュルジュ
ルーセ
セルビア
ブルガリア
モンテネグロ
コソボ
ソフィア
イスタンブール
北マケドニア
アルバニア
トルコ
ギリシャ
アテネ

ドイツ
プラハ
ポーランド
チェコ
スロヴ
レーゲンスブルク
ブラチスラバ
ウィーン
ドナウ河
ウルム
パッサウ
アウグスブルク
フルト
ヴァンゲン
ドナウ
エッシェンゲン
リンツ
メルク
エステルゴム
ブダペスト
オーストリア
フランス
バーゼル
リヒテンシュタイン
スイス
スロベニア
クロアチア
ボスニア
ヘルツェゴビ
イタリア
ローマ
2019年に歩いた道
ドナウ河
各国の首都
都市

なぜ、『歩く旅』なのか

一、発端

18歳の夏、たまたま大学の同級生に誘われて南アルプスの甲斐駒ヶ岳から仙丈ヶ岳の縦走に参加した。曇りと雨ばかりだったが、最終日、仙丈ヶ岳の頂上で日の出を見ることができた。その時の山の美しさと感動を、今も鮮やかに思い出す。これがきっかけで以後40年間趣味として山歩きをしてきた。

ところが、58歳のとき、脳梗塞になり約一ヵ月入院した。歩行困難（とくに階段を下りるとき）、右半身の痺れ（温覚、冷覚、痛覚、触覚がなくなる）視野狭窄、言語障害の症状があった。トイレに一人で行けなくなって「これで、自分の人生は終わりだ」と思った。妻の支えと、その後のリハビリのおかげで、職場に復帰することができ、定年まで勤めた。

しかし体が無意識に右に傾く後遺症が残ったため、山で痩せ尾根を歩くことや崖のトラバース（横断）は危険になり、山歩きを諦めるしかなかった。

二、手探り

退職してからは、趣味の山歩きができなくなって、もう一つの『映画』を見続けることを考えたが、自然の中で体を動かしたい、という望みは捨てきれなかった。何ができるかいろいろ模索したがわからない日々が続いた。

歴史を専攻していたので『街道』に関心があって、44歳から子どもと『西国街道』(京都・九条〜神戸・三宮)を少しずつ歩いていた。退職前後は『伊勢街道』を始めた。日帰りを繰り返し、終わりの方のみ一泊二日を2回やって伊勢神宮まで150km歩いた。61歳で、長年、山歩きをともにしていた友人とも別れ、山歩きはますます難しくなり、いよいよ「一人でできること」を決める必要があった。恐る恐る足を踏み出したのが、『熊野古道250km』を歩くことだった。自信がないので、京都御所から和歌山県JR布施屋駅までは、日帰りで歩いた。そのあと2泊3日を4回繰り返し熊野本宮大社まで歩ききることができた。まだ本格的な『歩く旅』をしていたわけではないが、『街道歩き』なら一人でもできるし、体力的にも可能性がある、と考えた。

三、さらに一歩

退職後、「仕事」とはいえないが、ライフワークとして自分の子ども二人を出した『山村留学』について調査を続けており、5年間の調査結果をまとめて本を出版することを考え、原稿を書いた。妻や山村留学の創始者、専門の編集者の三者に読んでもらったところ、三人は一様に「出版するには、文章がまだまだだ」という評価だった。自分に豊かな人間性がないので文章も貧しいのだ、人間性を変えないと「いい文章は書けない」と深刻に悩んだ。

そこで思い出したのが、同じ長野県八坂村（現大町市）の山村留学に子どもを出していたお父さんが歩いて『日本縦断』をしたことだ。「よし、これをしてみよう」と考えた。65歳になっていた。

佐多岬から日本海沿いに宗谷岬まで１３７日間３１１１㎞（注１）を歩いた。自分の人間性を成長させるのに効果があったかどうかは不明だが、実におもしろい旅だった。『歩く』ことは、自分を振り返る、日本の自然や文化をユックリ見る、脳梗塞の後遺症を克服する、持病の気管支喘息の症状が劇的に改善し、薬がほとんどいらなくなったことなど大きな成果をもたらした。少しずつ、痺れがとれていったし、右に不意に傾くという症状もほとんどなくなった。これが大きな転機になり、本格的に「歩く旅」が始まった。

勢いというものは恐ろしい！　翌年、宗谷岬からオホーツク海・太平洋沿いに佐多岬（この時、東海道も歩いた、注２）まで歩き、続いて四国一周、塩の道（簗場～松本間。糸魚川～簗場間は脳梗塞になる前に歩いていた）を歩いた。古稀（70歳）を迎える２０１３年は、『歩く旅』の10周年になるので外国を歩いてみたい、という大きな夢を抱いた。

四、夢は、ヨーロッパへ

今まで読んだ本や、海外旅行を振り返って、世界地図を見ながら、候補地を探した。

一番歩きたいのは、中国・西安～イタリア・ローマ１２０００㎞のシルクロードだ。しかし、タクラマカン砂漠をバスで横断した体験から、サポート隊がつかないと、個人では難しい、と判断した。

結局、網走のYHで出会ったカナダ人の女性大学准教授の「オスローからロカ岬まで、歩いて旅したが、とてもおもしろかった」という話が印象に残り、①治安がよい、②気候風土が合うだろう、③費用も調達できる、④言葉も簡単な英会話なら何とかなる、ということで、『ヨーロッパ縦断、ポルトガル・ロカ岬〜ノルウェー・オスロ４５００㎞』（注３）に決めた。

もう一つの目的は、同行者の塚口肇さん（私に日本縦断を示唆してくれた人）の提案を受け入れ、『東日本大震災』でEU各国から資金、物品援助してくださり、ボランティアでかけつけて、災害復旧を援助してくれたことへのお礼と現状を知らせることにした。これは、岩手県のNPO法人遠野まごころネット（多田一彦理事長、当時）からの協賛をいただいた。

EUは、東京の各国大使館で調べた結果、観光ビザは90日間のみである。歩く距離を考えて、やむをえず、２回に分けてやることにした。

この旅のために準備したことは、一つは、英会話学校に入学し、英会話を学習したことだ。

２０１２年４ヵ月、マレーシア・クアラルンプール

２０１３年３ヵ月、フィジー・ラウトカ

私は、ヒアリングが弱いので、少しでも聞きとれるようになるために実行した。

二つ目は、足慣らしをするために、秋葉街道（松本〜掛川２８０㎞、二人で行く予定が急遽単独）、出雲往来（姫路〜米子２２０㎞、二人）を歩いた。

五、単独行に切り替える

確かに『ヨーロッパ縦断』前半（ポルトガル・ロカ岬〜スイス・ジュネーブ）の歩く旅は、初めて外国を歩く高揚感もあり、塚口肇さんの人柄で現地の人々と予想を越える交流があり、おおいにおもしろかった。しかし、二人の間の脚力の差はあまりにも大きかった。フランスに入国してから、常に「追い掛ける」心理状態になり、ベルジュラックで私の精神力は、ここでやめて帰国しようかと思うぐらいの限界に達した。彼は、何度も「自分のペースで歩けばいい」と言ってくれたが、私には、「対等」に歩きたいという意識がつきまとい、素直に現実を認められなかった。今から思えば、58歳と70歳で一まわりも齢が離れているため、体力差・脚力の差は当然だ。山歩き時代もグループで行くと、私が一番遅かった。

『ヨーロッパ縦断』後半の、スイス・ジュネーブからノルウェー・オスロは、塚口さんと話し合って、一人で行くことにした。あの「追い掛ける」心情を再び味わいたくない、という私のわがままだった。

後半は、のんびり、楽しく、自分のペースで歩くことができた。さらに①６５０００円余の各国の人々から被災者への寄附、②日本では無名であるドイツの小さな町の旧市街の見学（ブライザッハ、アンデルナッハ、ミンデン）、③ライン河６００㎞の美しさの三点が印象に残った。

六、今度は、ドナウ河だ

『ヨーロッパ縦断徒歩の旅』が終わってから、私の関心は、イギリスへの語学留学だった。旅の間、多くの人々と英会話をする中で、旅に関することは会話ができたが、少し長い会話や歴史や文化の内容になると聞き取る力がないので十分に理解できなかったし、質問もしたいのにできなかった。この状態から抜け出すには、もう一度語学留学するしかない、と強く思った。そのため、2年間は、イギリスの語学留学について調べ、イギリスの歴史の本を読んでいた。

ところが、2017年、元気な高齢者が週一回集まる施設（カラオケ、麻雀、手芸、古典講座など）の世話役をしている知人から、

「三好さん、私たちの所で歴史の話をしてもらえませんか」

と言われた。「とんでもない。確かに、歴史を専攻しましたが、何かを専門に研究していたわけではありません。関西には、歴史を研究している専門家がたくさんいます。そういう人に頼まれたらどうですか」

と一度は、断わった。

「何か話していただけませんかねぇー」

「私は今、〝街道歩き〟をやっているので、それなら話ができますが……」

「〝街道歩き〟って何ですか?」

「東海道とか中山道とか言うでしょう。江戸時代の古い街道を歩いて旅することです」

「じゃ、その話をしてくださいよ」

ということになり、その施設で、月1回〝中山道〟を歩いた話とスライド上映をすることになった。さらに、その知人が、他の高齢者施設にも広めてくださって、今では、四ヵ所で月1回の〝街道歩き〟の話をしている。こうなると、イギリスへの語学留学より、『歩く旅』を多くすることの方に重点が移ってきた。

２０１9年には、喜寿（数えの77歳）になる。古希を記念して、ヨーロッパ縦断をしたので、喜寿の歳に、またヨーロッパを歩こう、と思った。ライン河沿いを歩いたとき、「これほどおもしろいのか」（注4）と思ったので、次は、〝ドナウ河〟にしよう、と自然に決まった。ヨーロッパの大河は、この二つである。ドナウ河関連の本を読み、地図を購入し下調べを始めた。

その結果、『ヨーロッパ縦断』したときの町から出発して、ドナウ河の源流まで歩き、そこからドナウ河沿いに黒海まで歩く計画を立てた。ＥＵは、90日しか観光ビザがおりないので、２回に分け、今年は出発点からベオグラードまで、来年は、ベオグラードから黒海まで歩くことにした。全長、２８８８㎞である。

ドナウ河源流まで行くには、『ヨーロッパ縦断』後半に歩いたドイツのブライザッハから、東に向かうと距離が短くてすむのだが、ブライザッハは、日本ではほとんど知られていない。それで、少しでも知名度のあるスイスのバーゼルから出発することにした。

まず、甲州街道、日光街道を歩いてみた。歩けるという自信を得たので、ドナウ河沿いを歩く旅に出発した。

今回も無理せず、『楽しく』歩くことを目標にした。

注1　日本縦断前半北上コース（佐多岬～日本海沿い～宗谷岬）、2008年
注2　日本縦断後半南下コース（宗谷岬～太平洋沿い～佐多岬）4896㎞、2009年
注3　ヨーロッパ縦断前半（ポルトガル・ロカ岬～スイス・ジュネーブ）2254㎞、2013年
　　ヨーロッパ縦断後半（スイス・ジュネーブ～ノルウェー・オスロ）1912㎞、2014年
注4　①ライン川沿いに古城が多く、ブドウ畑とともに美しい景観を見られた。
②自転車旅の人や河で遊ぶ人と話ができた。
③日本の川とちがい、大型客船と大型貨物船が多く航行しているのが珍しかった。
④河沿いに古い町や名所が多く、楽しく見学できた（例　ローレライ）。
⑤白鳥等、水鳥やカワウソなど、水棲動物を多く見た。

スイスを歩く

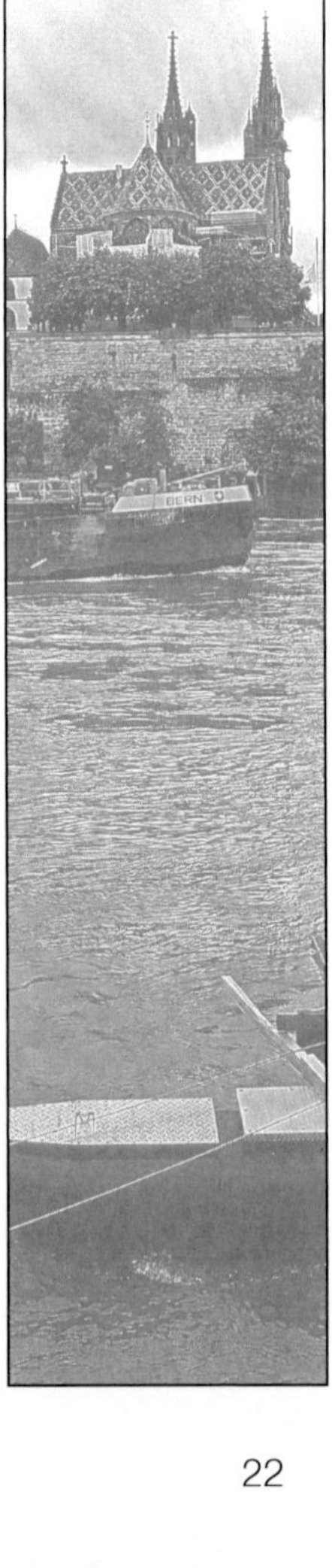

出発——2019年6月11日（火）

スイス・バーゼルのホステルで、日本で書いて来たプレートを持って、出発風景を同宿の人に撮影してもらった。

日本で街道歩きに出発するときは、淡々と歩き始めるが、外国では、「どんなことが待っているだろう」、と胸がワクワクする。今回は3回目なので、緊張感はない。

スイス・バーゼル駅から北西方向に歩く。市役所前を通って、バーゼル大聖堂前広場に来た。大聖堂横の展望台から、バーゼル市内とライン河を一望する。ライン河をみると、5年前にヨーロッパ縦断

いよいよスイスのバーゼルから出発

したことを懐かしく思い出す。橋を渡れば進めるのだが、展望台の下に渡し船が見える。バーゼルには、3ヵ所の渡し船がある。

「渡し船でライン河を渡ろう」と思い、急な階段を川べりまで降りて行った。私一人なのに、船を出してくれた。川は、橋や岸から見るのと、船から見るのとでは印象がちがう。船で渡ると、水の流れが実感できる。バーゼル付近は、目に見えるほど流れが速い。渡し船を下りて、バーゼルの北側も賑やかだなぁーと思いながら歩く。

国境はまだだよ

ドイツ国鉄のバーゼル駅に来て、てっきりドイツ領だと思い、スイス国旗をドイツ国旗に付け替えた。国旗を付けるのは、その国に対する私の友好の気持ちを表すシンボルである。

すると、中年の男性が、近寄って来て「ここは、まだスイス領だよ」と言いながら、駅前の大きな地図掲

ライン河の渡し船

ドイツ国鉄のバーゼル駅

示板まで私を連れていき、地図を指しながら、「国境はもう少し北東方向に行った所だ」と話してくれる。再びスイス国旗に付け替えて歩いた。スイス政府の許可をもらい、スイスの中にドイツ国鉄の駅を設置しているようだ。

島国に住む日本人にはわかりにくいが、たとえて言うなら、関釜連絡船の下関駅が韓国の釜山にあるようなもので、島国では、考えられないことである。

ドイツ国鉄のバーゼル駅の背後を大きくまわり込み、国道を歩き続ける。やがて、ライヘン（Reihen）町入り口の表示が出てきた。ライヘンという無名のスイス北部の小さな町を歩くのもいいものだ。とにかく、すべてが物珍しい。自然景観や家の形、壁の色、看板、電車、車、街路樹、何を見てもおもしろい。

スイス側国境

スイス・ドイツ国境

宿を出て6時間後、約13㎞歩くと、国境に来た。国境監視所の建物は、まだ残っているが、係官はいない。ＥＵが結成され、シェンゲン協定加盟国であるスイスとドイツは自由に往来できる。

［スイス歩行距離　12・82㎞］

ドイツを歩く

道の選択——6月14日（金）

スイスとドイツの国境から国道、州道と歩いて私鉄の終点Zellの町に着いた。ここから廃止された軽便鉄道跡を舗装した道を歩き6月14日起点のTodonauに入る。山間の小さな街だが、大きな教会がある。店の前に並んだ椅子とテーブルの一つに座ってタバコに火を点け、注文したコーヒーをゆっくりと飲む。静かで緑豊かな美しい街だった。

街を出ると川は渓谷に変わり、ドイツの有名な森林地帯シュヴァルツバルト（黒い森）の南端に取り付く。しだいに坂道となって行く。この道沿いに動植物を研究した人の写真と植物の写真を載せた説明板が所々に立っている。谷を渡る橋まで来たとき、左を見るとハイキングコースの道標が目に止まった。道標をよく見ると、今日の宿泊地のFeldbergの地名が載っている。「よし、行こう！」と決心し、ヨーロッパの歩く旅で初めて車道から別れ、ハイキングコースに入った。

『ヨーロッパ縦断』では、安全第一を考えて、とにかくジュネーヴやオスロに到着することを最優先にしたため、国道・州道を歩くことを基本にした。国道・州道には、車用の道路行先標示板が設置してあり、迷うことが少ないからだ。しかし、出会う人は少ない。ハイキングの道は、当然車道とはまったく別の道で、自転車道も国道・州道と並行することもあるが独自のルートを走っている。

渓谷を右下に見て、ゆっくり登って行く。知られたコースのようで、出会う人や追い抜いて行く人々がかなりいる。日本と変わらない澄んだ水が飛沫をたてながら流れている。少しずつ、傾斜がきつくなってきたが、気持ちよく登っていたら車道に出合う。ハイキング道が切断され、まわりを見渡しても道標がなくハイキングコースの次の入り口が見つからない。こういう時、二十万分の一の地図ではまったくわからない。車が停まっていたので聞いてみたが、「知らない」との答え。やむを得ず歩道のない車道を上っていった。幸い、山間部なのでカーブが多く、車はスピードを出さない。峠に来て、地図を見て、「あと２㎞くらいかな」、と判断し、休憩した。「さぁ、あと40分。気合いを入れて行こう」と歩き始めたとたん、左手にＹＨの旗が見えた。「えっ、ここ?」自分の読図の甘さにため息がでる。20万分の一地図だと１㎝が２㎞で、地図上の１㎜が実際の２００ｍになる。今夜の宿に着いたのだから良しとしよう、と思い直す。

二つの源流

ドナウ河の源流は、長い間、ドナウエッシェンゲンの貴族の館にある泉とされてきた。ところが１９５５年ヴュルツブルグの医師で水流問題に詳しいエールライン博士が「支流のブレーク川こそドナウの本当の源流だ」と主張し始めた。（この主張を当てはめると、ドナウ川に合流するもう一つのブリガッハ川の源もドナウ川の源流ということになる）近年では、ドナウエッシェンゲンの館の泉を歴史的文化的源流、フルトヴァンゲンにあるブレーク川の源を自然地理上の源流とみなしているようだ。

①　ブレーク川の源流
（フルトヴァンゲン市の北西５㎞）――６月17日（月）

ホテルから遊歩道を少し下って行く。源流や森林についての説明板が何枚も立っている。50ｍくらい下ると、正面に大きな像が見えてきた。ギリシャ神話に出てくる、水の神ネプチューンの像だ。源流らしい雰囲気が溢れている。縦50ｍ横30ｍくらいの木立に囲まれた窪地で、草地が広がっている。像の下から幅２～３㎝の澄んだ水が流れ出している。数ｍ流れ、その先は幅20㎝くらいの流れになって草で隠れて見えなくなった。像の正面は逆光で暗いので、「明朝撮ろう」と思う。写真を撮りまくっていたら、30歳代くらいの子ども連れの夫婦が来られ、お父さんが話し掛けて来た。「どこの国から来たのか」「どこへ行くのか」などの話になり、ルーマニア人とわかる。「２年計画で黒海まで行く。今年は行けないが、来年はルーマニアのドナウ河沿いを歩く予定だ」と話すと、とても喜んでくれた。奥さんも笑顔で聞いている。「あなたの記念写真を撮ってあげよ

フルトヴァンゲン・ブレーク川の源流
（ドナウ河の自然地理の源流）

う」と親切な申し出を受けて撮ってもらう。それから、夫と私、奥さんと私、私が夫婦の写真を撮る。銘板を読むと、「源流は、標高1078m、黒海まで2888km。あと100m西へ行くとライン河に注ぐ川の源流がある分水嶺だ」とある（原文ドイツ語）。水源の東の方向に丸みを帯びた山並みが見えた。

陽がかげってきたので、十分満足してホテルに戻る。

フルトヴァンゲン市入口

ドナウ河源流付近の風景

② 歴史的文化的源流（ドナウエッシェンゲン市中心街）――6月19日（水）

駅から15分くらい歩き、ブリガッハ川に架かる橋を渡って中心街に入る。パラソルがたくさん立ち並び、テーブルがあり椅子に座ってビールなどを飲みながら、多くの人々が談笑している。大きな教会をまわり込むとテラスがあり、石の柵の中に源流の泉が見えた。階段を下りて泉のそばに行く。本の写真で感じたよりもかなり大きく、美しい白い石の列柱の柵と石の壁で囲まれている。

ドナウエッシェンゲン・ドナウ河の歴史上の源流

直径は10ｍくらい、深さは２ｍくらいありそうだ。泉の底から気泡が上がってくるので、水が湧いているのだ。澄み切った空色の透明な水をたたえている。ローマのトレビの泉と同じで、多くの硬貨が投げ入れられていた。ギリシャ彫刻風の母娘像が西側にあり、本によると、「娘は若いドナウ川で、母親が遠く黒海まで旅する娘に旅先を指さしている」のだそうだ。母親の人差し指は東を指していた。銘板は簡単に標高６７８ｍ、黒海まで２８４０㎞と記されている。帰りに気付いたが、階段の右側に大きな横８ｍ×縦２ｍくらいの金属板の流路図が掲げられており、沿線８ヵ国ドイツ、オーストリア、スロヴァキア、ハンガリー、セルビア、ブルガリア、ルーマニア、旧ソ連が描かれていた。

③　齋藤茂吉の道――6月20日（木）

昨日道標で見つけた齋藤茂吉の道に行く。橋を渡り、近づいてみると、青銅板に短歌が記してある。説明板がドイツ語と日本語で書いてある。

齋藤茂吉は、１９２４年にドイツに留学して、ミュンヘンから汽車でここドナウエッシェンゲンに来てドナウ川の源流を訪ねた。茂吉の出身地山形県上山市と友好都市記念に建てた、とある。

〝大き河
ドナウの遠き
みなもとを
尋めつつぞ来て
谷のゆふぐれ〟

④　ドナウ川の始まり――6月21日（金）

ドナウエッシェンゲンを出発する。齋藤茂吉の道を歩いてドナウ川の始点に向かう。右に運河のように真っすぐなフルトヴァンゲンから流れて来たブレーク川が見えた。この川は、ドナウエッシェンゲンを大きく南に迂回、北上して来た。ホテルから約３㎞、50分でドナウ川始点に着く。大きな石碑が建っていた。左からブリガッハ川、右からブレーク川が合流して、この地点からドナウ川は始まる。本によると、かつては、宮殿の泉から流れがあり、三つの川が合流してドナウ川になっていたが、宮殿の改築時に、泉からの流れはすぐブリガッハ川に注ぐようになった、とある。だから今は、二つの川しか見えない。二つの川にはさまれた三角形の地に木が茂り、きれいな草地

斎藤茂吉の道

斎藤茂吉の歌碑

ドナウ河の始まり（右・ブレーク川、左・ブリガッハ川）

が広がり庭園のようで、ドナウ川の出発にふさわしい雰囲気だ。前方に大型クレーンがニョッキリ突き出ているのが景観を少し妨げているのが残念だ。ザックを降ろしタバコに火を点ける。私には記念すべき地点だが、誰一人いない。静けさとドナウ川の始まりを独り占めしている。満足して立ち上がる。いよいよドナウ川沿いを歩く旅が始まる。

川の表情

日本の川とヨーロッパの河を比べると、印象がかなりちがう。幕末に来たヨーロッパの人は、日本の川を見て「河ではなく、滝だ！」と言ったという。その言葉に納得できる。日本の川は、急流が多く、白波を立てて流れている。もちろん、ヨーロッパでも堰やダムでは白い泡を立てて流れているが、ライン河６００㎞とドナウ川１６００㎞を歩いて、大半は平野部を穏やかにゆっくり流れている。ヨーロッパで他にもいくつかの川に沿って歩いたが同様である。

地形上でもちがっている。日本の川は、山と山に挟まれたV字形の底を流れているがヨーロッパの河は、U字形の底のへりや真ん中を流れている。何度か標高200～400mの高さまで上って河を眺めたが、日本のように山並みが見えない。平原状で木が生い茂っている。おそらく大地が二つに裂け、その間の底を河が流れている。

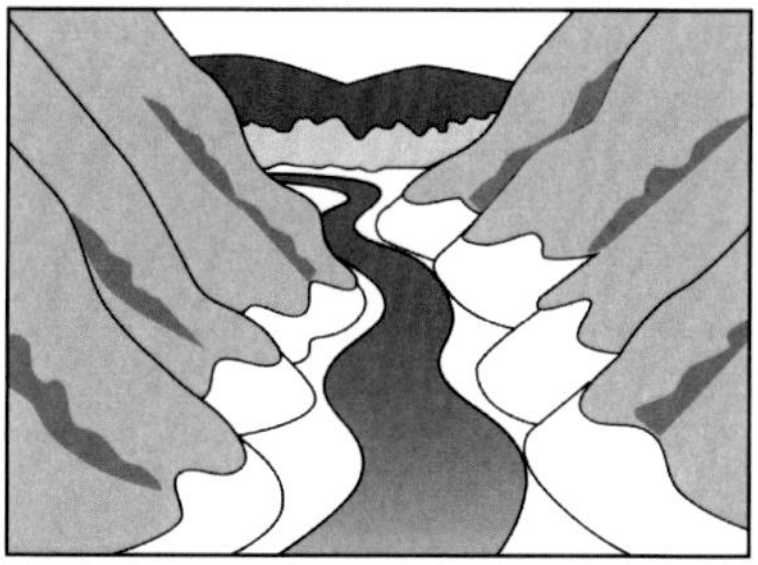

日本の川（V字谷）

ヨーロッパの川（U字谷）

① 朝日に映える谷間——6月24日（月）

ドイツでは、ヴィルデンシュテイン城からHausenの間がよかった。対岸は高さ50mくらいの崖で、こちらも高さはわからないが崖である。向こう側の崖とこちらの崖の間は200mくらいある。川幅は、20mくらいだが、川岸が背の高い草に覆われ、水流は意外と狭い。自転車の旅人が追い抜いて行く。後ろを振り返ると、今朝出発して来たヴィルデンシュテイン城が崖の上に見える。しばらく進むと対向する自転車の人が、停まって写真を撮っている。振り返ると、対岸の絶壁の上にヴェーレンヴァーク城が青空を背景に朝日を浴びてクッキリと見える。焦げ茶色の岩肌や、谷間の緑と川の流れが見えて美しい眺めだった。とかく、人は旅行記やガイドブックに載っている所が名所で、見学する所と思いがちだが、ガイドブックに書かれていなくても「いいものは、いい」と自分の目を信じて言えることが大切だ。日本のある宿で聞いた話だが、有名な人の旅行記の通りに

ヴェーレンヴァーク城（ヴィルデンシュテイン城からHausenの間，美しい谷間）

Soflingen，これぞドナウ川という美しい眺め（ウルムへ入る手前）

歩いている人がいた、と言う。旅行記やガイドブックはあくまで自分の旅の参考資料であって、自分独自のルートを旅してこそおもしろい、と思う。

② **川畔の美しさ**――6月30日（日）

ウルムUlm手前のSoflingen町に来た。今夜の宿のYHはウルムの西にある。大きい通りのT字路に来て「ここで曲がった方がいいかな」と思ったが、「少し早いか」と思い直し、直進した。結果としてよかった。ドナウ川の川畔に出た。運河の感じがするが、地図で確かめると本流のようだ。葉の茂った大木の並木が両岸に連なり、川岸は草地で緑のベルトだ。光が反射して川の流れがキラキラと輝く。水面に並木が映り全行程の中でも美しい風景の一つだった。午後6時を過ぎていたが、ベンチに座りタバコに火を点ける。このような風景の中を歩いている幸せをしみじみ思った。

③ **川霧**――7月10日（水）

川のそばにテントを張ると思わぬ光景を目にする。今朝は、大気の温度が低く、川の水温が高いので川霧が水の全表面から立ち昇っていた。両岸は森で、対岸の梢のいただきに朝日がさし、『眠れる森の美女』の幻想的な風景だった。

④ **偶然の眺め**――7月10日（水）

森の中に入る。日本は、「森」といえば山の中で傾斜がきついが、ヨーロッパでは、平坦地が多い。ゆるい坂道を歩いていると木立の切れ目が右にあり、説明板が立っている。30ｍぐらい奥に木柵とベンチも見える。「なにかな？」と思い、入ってみると驚いた！　ドナウ川が見える。枝が張り出し、その間から、緑色のドナウ川を真ん中に両岸に森と畑が広がっている。Naturschutzgebiet Finkensteinという所だった。ドナウ川と川沿いの道路、牧草地、耕地、森、低い丘陵、平原が見わたせてよかった。全行程の中で、10本の指に入る美しい光景だった。水と食料も持っていたので、ここでテントを張ればよかった、とあとで思った。歩く旅は、本やガイドブック、現地でもらったパンフレット、地図を見て参考にするが、こういうすばらしい風景に偶然、出会えることが楽しみの一つである。

修行の旅人――6月23日（日）

低い堰があり、ベンチとテーブルがあったので休憩していると、橙色の衣を着た人がやって来た。「あぁ、タイ仏教のお坊さんだな」と思ったが、タイ人ではなく、ドイツ人のカースツンさんだった。話しかけてこられた。28歳の時、タイ仏教に出会

川霧がたつドナウ川

Finkensteinのすばらしい眺め

い入門して6年目になる。ドイツのボンの近くに小さなタイ仏教の寺院を開いており、今帰る途中だと言う。「昨夜は、高い山を越えて来たが、ドシャブリの雨で、ズブ濡れになった。宿は、すべてテント泊」「来年はボン以外の所へまた一つ寺院を建てる予定だ」と話される。ザックは、おそらく25kg以上あるだろう。お互いに歩く旅をしているのでとても共感する。もっとも、カースツンさんは、修行で、私は遊びというちがいはある。たとえ修行であっても、歩く旅人は、珍しい。私が今回多くの人と話せた理由は、ヨーロッパで歩く旅をしている人は、サンチャゴ・デ・コンポステーラの巡礼の道を歩く人以外は、まれな存在であるからだ。

　私の英語は通じているようで、1時間くらい話していた。お互いに元気に歩いて旅をしましょう、と誓い合って別れる。しかし、一番聞きたかったタイ仏教の何に心を動かされ、なぜ入門されたのかなど、私の会話力では聞き出せなかった。考えや動機や感想など心の内面を聞けない自

ドイツ人カースツンさん
（タイ佛教僧侶）

分がもどかしい。英会話の力を伸ばしたい、と強く思った。

取材を受ける――6月25日（日）

今回の旅で新聞社の取材を受けたことがいい思い出になっている。5年前は、東日本大震災の広報をする目的もあって、スイスとドイツで計4回の取材を積極的に受けた。今回は趣味の歩く旅だから、取材などあるはずがないと思っていた。ジグマリンゲンSigmaringenに向かっていた午後3時すぎ、後ろから声が掛かった。なぜ声をかけられたのか、わからなかったが、名刺を出され、カメラを見せられて、ようやく取材とわかる。ジグマリンゲンSigmaringenを中心に発行されている

Meyer記者の取材をうける

Daumen hoch: Sein Weg führt den Japaner Junji Miyoshi unter anderem durch Sigmaringen. FOTO: PEGGY MEYER

Er läuft und läuft und läuft

Junji Miyoshi wandert quer durch Europa

SIGMARINGEN (pegme) - Ein Kegelhut aus Bambus, ein Gesicht aus dem Land des Lächelns und ein Rucksack, der fast so groß wie sein Träger scheint, mit einer Deutschlandfahne: Junji Miyoshi aus dem fernen Osaka wandert dieser Tage durch Europa und zieht viele neugierige Blicke auf sich. So auch auf dem Schaukelpfad am Laizer Wehr.

In etwas holprigem Englisch erzählt der 76-Jährige von seiner Reise. Gestartet sei er am 11. Juni in Basel, am 5. September möchte er in Belgrad eintreffen. Dann hat Junji Miyoshi einen Fußmarsch von etwa 1300 Kilometern zurückgelegt. Übernachten wird er mal in Jugendherbergen, mal bei Gastfamilien. Die meisten Nächte jedoch wird der Japaner im Zelt auf der Isomatte verbringen. Beides trägt er unterhalb seines Rucksacks neben seinem Nilpferd-Maskottchen mit sich.

Es ist nicht das erste Mal, dass sich der Lehrer allein auf einen langen Weg begibt, sagt er. Bereits vor fünf Jahren legte er von der portugiesischen Atlantikküste bis nach Oslo mehr als 4300 Kilometer auf Schusters Rappen zurück. Seine Beweggründe? Bei dieser Frage zeigt der Japaner spontan auf sein Herz. Es sei ihm eine Herzensangelegenheit, sagt er. Er wolle „Danke!“ sagen für die Hilfe und Unterstützung und erinnern an den Tsunami, der 2011 verheerend in Japan wütete und viele Tausende Menschenleben kostete.

Eine Tour für das kommende Jahr hat der 76-Jährige auch schon geplant: Von Belgrad nach Istanbul will er wandern, 2200 Kilometer abermals quer durch Europa.

送られてきた記事

新聞のSchmabilche Beitung社のPeggy Mayerさんだった。本人自ら「英語はあまり得意ではない」と話される。私とすれ違ったときにザックのプレートを見たようだ。「なぜ、歩く旅をしているのか」「何ヵ月旅をするのか」「何がおもしろいのか」「泊まるのはどうしているのか」「この地域の印象は何か」などを質問された。写真も前と後ろから撮られた。のちに私のメールアドレスにPeggyさんの書いた記事が送られて来た。ドイツ語が読める人に翻訳してもらったが、題のlauft und lauft und lauftは、「歩く、歩く、歩く」の意味だそうだ。

話が弾む――6月27日（木）

ヨーロッパ縦断では、テントをCSで張るのは少なく、ほとんどは自分で決めたTSに張った。今回は、経営されているCSを利用することが多かった。

写真のCSは、農家が副業でやっている夏期だけの季節CSだ。この村の手前の街で教えてもらった。芝生、屋根付き机とベンチがあり、車用の電源、携帯用電源、シャワー、トイレ付き、ビールのみ販売だった。近くのスーパーマーケットで夕食、朝食を調達して帰って来たら、ここを教えてくれた内田さんが、梅干し、飲み物等の差し入れを持って訪ねてこられた。障碍者用の靴を作るために修行で来ている。一年半経ったが、まだ、靴の制作には携われず雑用をしている、と街で会ったとき話されていた。修行に来るまでは、女性バックパッカーで世界中を旅していた。ノルウェーの人の住む最北端の街ノースカップも行ったという。私も地図を広げ、ヨーロッパ縦断の話をし、今年のドナウ川に沿っての旅の計画を話す。こんなに長時間歩く旅の話をしたのは、塚口さんと日本縦断で出会った勝野輝男さん以外では初めてだ。2時間近く話し込んだ。内田さんは、久し振りに日本語が話せてよかったらしい。私は、歩く旅に理解を示す聞き手に出会い楽しかった。

原発は停まっているのか——7月4日（木）

原子力発電所は、大量の冷却水がいるので、ドイツでは、ライン河やドナウ川沿いに立地している。日本では、同様の理由で海岸沿いに立地している。（ドイツは、海が工業地帯から遠すぎる）ライン河沿いを歩いたとき、コブレンツの西北西にあるミュルハイム・ケルリッヒの原発は、停まっていた。

ここドナウ川（Wildennauhof の近く）で、今日初めて原発に出会った。1979年アメリカのスリーマイル島原発、1986年旧ソ連のチェルノブイリ原発、2011年日本の福島原発の事故で、原子力発電は、人の制御の及ばない科学技術であることが明確になった。福島県では、2019年1月現在、なお4万2105人（県内、県外）の避難者が存在する。ドイツ政府は、「原子力発電をやめる」と言っている。休憩していたとき、地元の夫婦が来られたので、聞いてみたが「原発は停まっている」

農家が経営する夏季だけのCS

と、おっしゃる。ところが、白煙を上げていた。原子炉を運転していなくても、原子炉を冷却するために水を循環させ、水温が上がり、白煙が出ているとも解釈できるが、実際はどうなのだろう。こんな美しい自然が、万に一つでも原発事故が起こり、人が住めなくなることは、避けなければならない。他国のことではあるが、原子力発電をやめる、という運動を国際連帯して私達は、やっていく必要がある、と思うし、私たち自らも不必要な電力消費をしないように努力する必要がある。今までのような生活を維持することに固執してはならない、と思った。

アウグスブルク——7月7日（日）

歩く旅で名所、遺跡見学は、「片道100m以内にあるものしか見物しない」、と決めている。片道1～2㎞も歩いて行くと、往復で30～40分かかるし、見学すればさらに時間が取られ、最終の目的地まで行く可能性が低くなってしまうからだ。私の歩く旅は、目的地へ到着することを重視し、観光や食事の楽しみなどは二の次なのだ。調べてみると、ドナウワースから分岐するロマンティック街道にはアウグスブルクがある。アウグスブルクは、中世では、イタリアのフィレンツェで栄えたメヂチ家と並ぶドイツの大富豪フッガー家の本拠

ドナウ川沿いの原子力発電所

地なので行ってみたい。現地に着いて、自分の体調と、一日に歩ける距離がわかってから、決めることにした。

ドナウワースに着いてからも迷ったが、年齢を考えると再びこの地を踏むことはほぼないだろう。ベオグラードへ行くのが最優先だが、今回はアウグスブルクへ行くことにした。ドナウワースからアウグスブルクまで電車で約20分だった。

５００年前に、これだけの社会福祉の考えがあった！

アウグスブルク Augsburg のフッガー家は、織物業から出発し、貿易や鉱山業と金融業まで広げ巨万の富を築いた。いくつか訪ねた名所の中でフッガーライについて記す。１５２１年フッガー家の当主ヤコブ・フッガーが、莫大な財産の一部を社会に還元した社会福祉住宅群である。５００年前の豪商が「人は、少なくともこれぐらいの広さの家に住むべきだ」という発想がすばらしい。一世帯のみ公開されており、多くの観光客

フッガーライ社会福祉住宅の居間

フッガーライ・社会福祉住宅街

が訪れていた。居間、台所、寝室、トイレと風呂の4区画からなり、居間と寝室は、それぞれ8畳はある。台所と風呂・トイレも広い。1970年代前後に関西地区に激増した日本の「文化住宅」とはまったくちがう。「文化住宅」は、とにかく人が住めればよい、という発想で建てられている。この福祉住宅の家賃がきわめて安く当時の貨幣で1ライン・グルデン（0・88ユーロ、約106円）である。現在もその価格の家賃で貸し出され、人が住んでおり一つの街を形成している。小さな教会や泉があり、共同物置小屋もある。

マイバウム——7月14日（日）

ドイツでは、村や集落の中心になる場所に、シンボルの幟が立っている。細長い木に飾りがついていて、飾りは、集落ごとに違っている。帰国してから何のシンボルか調べて見た。ドイツ語でマイバウム（5月柱）、英語でメイポールといい、ローマ時代から続く『春』が来たことを知らせる民俗行事のシンボルだとわかった。女の子が春、男の子が冬を象徴していて、集落を回って春が来たことを知らせ、各家庭からお菓子などをもらう行事らしい。2000年もの間、よく続いているものだ、と感心した。

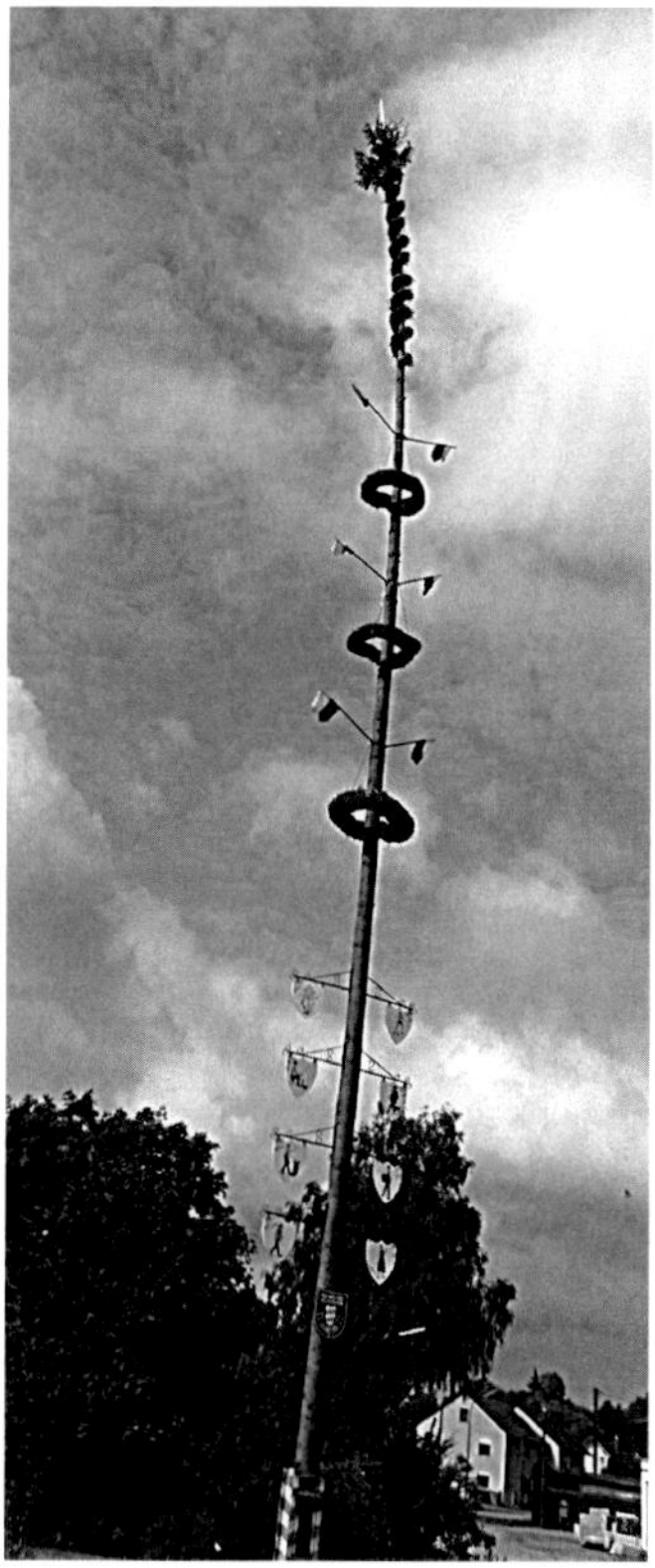

シンボルの幟（マイバウム）

個人宅に泊めてもらう――7月16日（火）

Pentling村の渡し船から上がると、道路表示板に、レーゲンスブルクRegesburgへ21㎞と出た。「これは、途中でテントになるな」と思いながら歩き出す。崖の上にキリスト像がある。

さらに歩いていると後から声が掛かった。自転車に乗っているドイツ人のフランク・ブラウンFrank Braunさんだった。「よい旅をしているね」から始まって、40分くらい、道の横で話が弾んだ。ブラウンさんは、自転車旅行をしていて、ローマの古代遺跡と中国文明に関心があることを話される。

「夕食に招待したいが、どうですか？　中国料理ですが」。「今夜のホテルを紹介していただけるなら、招待をお受けします」と答える。ブラウンさんは自宅までの道を略

泊めてもらった部屋

ブラウンさん宅玄関

ごちそうになった中華料理

フランク・ブラウンさんと

地図に書いてくださり、いったん別れる。歩き出して右手の崖を見ると岩窟が点在していて、像が収まっている。ドナウ川を左に見ながら歩く。やがて、レーゲンスブルクRegensburg市に入る。

しばらく行くと、ブラウンさんが途中で出迎えてくださっていた。どうやら、レーゲンスブルクRegensburgの郊外の街のようで、15分くらい歩くと自宅に着いた。

夕食は、奥さんが留守のためブラウンさん手作りの中国料理だった。八宝菜のような野菜を煮込んだものとライスがついていて、とてもおいしい。食事をしながら2時間近く、中国文明とローマ文明の話をする。私の拙い英語でもどうやら通じていたようである。レーゲンスブルクRegensburgの市内地図をいただく。

22時頃になったので、「ホテルを紹介してください」と頼むと、「今夜は、泊まって行きなさい」と言われる。「ホテルを紹介してくださるなら、夕食の招待に応じます」と言ったつもりがまったく通じていなかったようだ。ご好意に甘えることにした。2階に案内される。8畳くらいの大きな部屋で私にはとても贅沢だ。シャワーを使わせていただき、グッスリ眠る。

船の航行——7月15日（月）以後

日本の川とドナウ河やライン河の一番ちがう所の一つは、船の航行である。もちろん、日本でも

大型貨物船１

ウィーンとブラチスラバを結ぶ観光船

大型客船

ウルムの観光船

夜も航行する大型客船

大型貨物船２

〇〇下りという観光船や舟が運行しているし、川底をさらう浚渫船は動いている。しかし、川で長距離を航行する船はない。

源流から15日目、約290km歩いたウルムUlmで初めて小さな観光船を見て、川の幅、水深が変わったことを実感する。その後、歴史ある大きな町では観光船が運航されていた。

源流から27日目ケールハイムKelheimからは長さ200mくらいの大型客船、大型貨物船（幅は、閘門があるので15mくらいか。どの船も同じ幅）を初めて見た。ケールハイムは、日本では知られていないが、ドナウ・マインツ・ライン運河のドナウ川における出入り口である。黒海と北海を結ぶ経済の大動脈となるヨーロッパ期待の運河である。ただ、1989年以後東ヨーロッパの経済伸張が予想より低く十分に効果を発揮していない、と言われている。ライン河の大型貨物船の通行量に比べれば少ない。とくにコンテナ貨物船は、ライン河では毎日目にしたが、ドナウ川では全行程で1隻しか見なかった。

それでも国際河川であることは、船尾に掲げてある国旗を見てわかる。ドイツ、フランス、オランダ、オーストリア、ハンガリー、ブルガリア、ロシアなどの船が航行している。しかも、大型客船が夜もライトを点けて航行しているのにはビックリした。大型貨物船が故障しているのか、2隻の小型タグボートに曳航されて上流に向かっているのを見た。

水上警察のパトロール船があるのもライン河と同じである。日本では水上警察と言えば、東京・横浜・大阪・神戸各港など大きな港で見るが、川を航行しているのは見たことがない。これだけ長く大きな川になると川を利用した密輸、麻薬取引、船を襲う強盗などがあるかもしれない。水難事故（人、船）もあるのではなかろうか。事実、川で亡くなった人の慰霊碑をいくつか見た。

大型貨物船には、船尾にマイカーや自転車を積んでいることが多い。これは、川の港に着いたとき、買い物や食事に出かけるためだろう。日本の川とちがう点が多くあるので河沿いを歩いていて退屈しない。

レーゲンスブルク　みごとな石造の橋――7月17日（水）

ミュンヘンの北に位置し、ドナウ川の一番北になる。中世では東方貿易の拠点で中央ヨーロッパの商業取引の中心地だった。ドナウ川を利用し、黒海まで出て、北はドニエプル川を遡り、ロシアのキエフと通商、南はボスフォラス海峡を通ってオスマン・トルコ帝国の首都コンスタンチノープル（現イスタンブール）と交易した。12世紀が最盛期で神聖ローマ帝国の帝国議会がしばしば開催された街でもある（本による）。

今でこそ、ドナウ川は安全に通行できるが、11、12世紀頃は、今のセルビアからブルガリアに通じる鉄門近辺は、激流で流れの中に岩も多くあって危険だったと言われているから、黒海の往復がよくできたと思う。こうして得た財力の大きさを見せてくれるのが世界遺産に登録された巨大な石橋だ。１１３４年（平安時代末

レーゲンスブルク、石造の橋（世界遺産）

期）に建造され、幅7mくらい、長さ350m、15のアーチからなる。中心街側に大きな4階建ての四角柱の塔と門を持ち、非常時には、門を閉じて街を防衛した。塔の1階は、門を守る兵士の詰所のようだ。

橋は、中心街と中州を結んでいる。門をくぐって橋を渡る。人が歩く道路面も橋の欄干も石造りで、薄い茶色をしており、その強固さと美しさに驚く。おだやかに流れるドナウ川と両岸の眺めがいい。

川幅は100mはありそうだ。車が通行していて、それに耐える強度を今も持っている。そんな石橋を900年前に建造した技術力に感心した。中州といっても硬い地盤で多くの家が立ち並んでいた。中州の岸辺から橋のアーチがよく見える。背景に大聖堂の塔がそそり立ちみごとな中世の街の景観と雰囲気だった。

中洲の北側にもドナウ川の流れがあり、こちらの方を大型客船や大型貨物船が航行している。

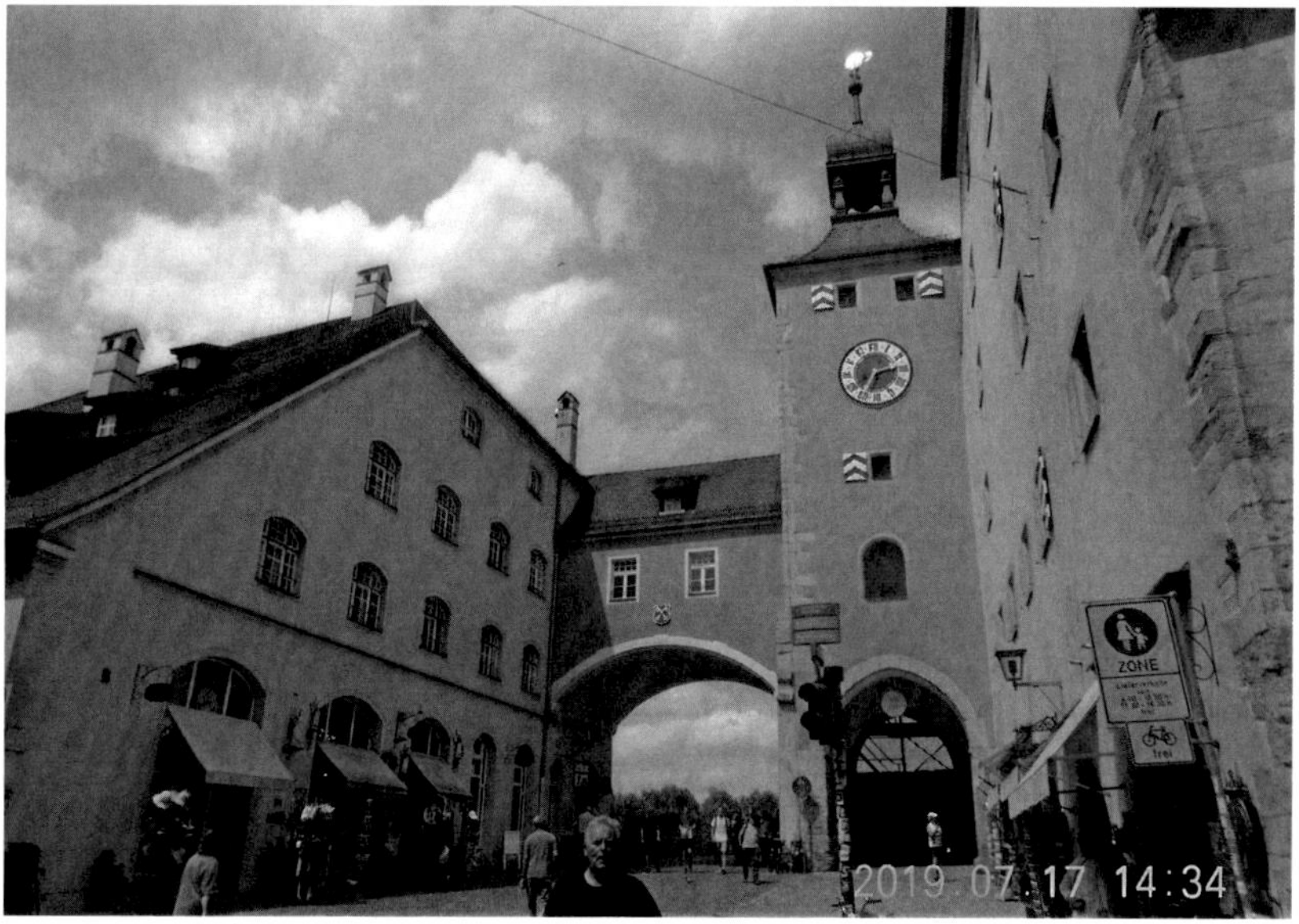

レーゲンスブルク、石橋の中心街側の門

中洲を含めると、川幅は優に５００ｍはある。

橋のアーチの裏側を見たかったので遊覧船に乗る。橋をくぐるとき、裏側の石もビシッと組み合わさっておりまったくゆるみを感じない。力学的にどうやって石によるカーブを作っているのか強い関心を持ち、帰国してから調べてみた。石によるアーチは、ギリシャのオリンピアにある競技場の門、ローマ時代の水道橋にも見られ、古くから使われていた技術だったが、その知識がよく伝わってきたと思う。

国境の街パッサウ――7月26日（金）

ドイツ最後の国境の街パッサウPassauは、市の入口から中心街まで３・２㎞、中心街から私の泊まるＹＨまで２㎞もある大きな街だった。

ＹＨは標高２００ｍの山上にあり、川を望む位置に建てられた城の敷地内にある。ＹＨからさらに坂を上り、城門で入場券を購入し、展望台に向かう。

①　三つの川の合流

展望台からは南東方向に三つの川の合流が眺められる。手前の中央に北から流れて来た緑色の川幅50～60ｍのイルツ川、真ん中に西（右）から暗緑色の澱んでいるような川幅１００～１３０ｍのドナウ川、中州の向こうに南からアルプスを下って来た乳白色の川幅１００ｍを超えるイン川の三つが合流し文字通り大河となる。各川の色が、合流点からしばらくは三色のまま流れている。ここ

パッサウ、三つの川の合流点。手前真ん中・イルツ川、
中の島の手前・ドナウ川、向こう側・イン川

パッサウのSt.Stephan大聖堂

からあとは、大河となったドナウ川を「ドナウ河」と記す。

展望台の中を少し移動して南西方向を見るとイン川とドナウ川にはさまれた三角形の土地にパッサウの街が見える。

真ん中にひときわ大きい二本の塔とドームを持つSt.Stephan大聖堂が見える。4階～5階建ての赤い屋根と白壁の民家が軒を連ねている。イン川を橋で渡った所は、川沿いに同じ、赤い屋根と白壁の家が建ち並んでいる。川沿いに並木がつらなり、街中も木が点在し美しい景観をつくっている。

② 民族と宗教の境界

パッサウは、900～1000年代頃まではキリスト教ゲルマン民族と異教徒の遊牧騎馬民族との境界だったと言われている。

隣国がオーストリアなのでまだヨーロッパ文化圏と思いがちだ。この街が東方へのキリスト教布教の前進基地であり、東から来る遊牧騎馬民族の侵略を止める防衛拠点だったようだ。

955年、マジャール人（現ハンガリー）は、アウグスブルク郊外レヒヘェルトの戦いで神聖ローマ帝国軍に敗れた。こういう歴史を知ると、なるほどパッサウは文化の境界だったと納得す

ニーデルンブルク修道院

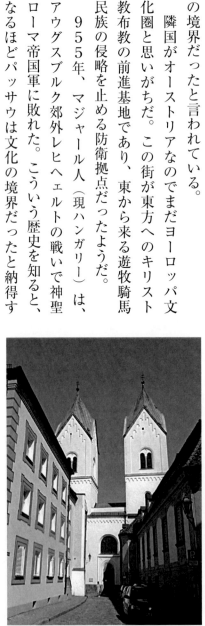

る。ゲルマン民族と中央アジアから移動してきた遊牧騎馬民族との戦い・対立を知るには、ドイツ民族最大の叙事詩といわれる『ニーベルンゲンの歌』を読むのがいいと思う。

③　ニーデルンブルク修道院

ハンガリーのイシュトヴァーン一世に嫁いだギーゼラ妃（神聖ローマ帝国皇帝ハインリヒ二世の妹）は、夫の死後、パッサウにあるニーデルンブルク修道院の院長として亡くなるまで過ごし、修道院内に墓がある。修道院は、あまり有名でないのか、何人かの人に聞いてようやく辿り着いた。小さな建物で、家々が立ち並ぶ路地の奥にヒッソリと建っていた。入ると私一人だった。小さな空間で白壁一色、飾りもほとんどない簡素な修道院だ。光をうまく取り込んでいて、室内は明るい。祭壇には蝋燭が点っている。祭壇の右回廊にあるギーゼラ妃の墓は、蝋燭が多く点り、緑・赤・白のリボンを付けた花輪が5つ、6つ置かれていた。地元の人が毎日お参りに来るのだろうか。ギーゼラ妃は、1000年も経つのに、よほど人々に慕われてきた女性のようだ。異民族の王の后になったギーゼラの運命に同情が集まっているのかもしれない。

［ドイツ　887・91㎞　累計900・73㎞］

お金の持って行き方と物価、硬貨の準備

海外旅行は、現金ドルとトラベラーズチェックを持参するのが普通だったが、2013年のヨーロッパ縦断でトラベラーズチェックの現金化が現地の地方銀行では難しいことがわかった。この時、持参していたキャッシュパスポートの方が現地通貨を入手しやすかった。

今回も費用の2／3はキャッシュパスポート、1／3はVISAカードにした。VISAカードは宿泊費の支払い専用にした。ホテル、ガストハウス、YHはカードで支払うことができる（地方のガストハウス、ペンションは現金払いの所が多い）。宿泊費以外は、キャッシュパスポートでATMを使い現地の通貨を引き出して使っていた。なお、MastercardやVISAカードで日本の三菱UFJ、三井住友、みずほ、りそな銀行のものは現地通貨を引き出すことができたが、日本の地方銀行のカードは、ヨーロッパでは引き出せなかった。

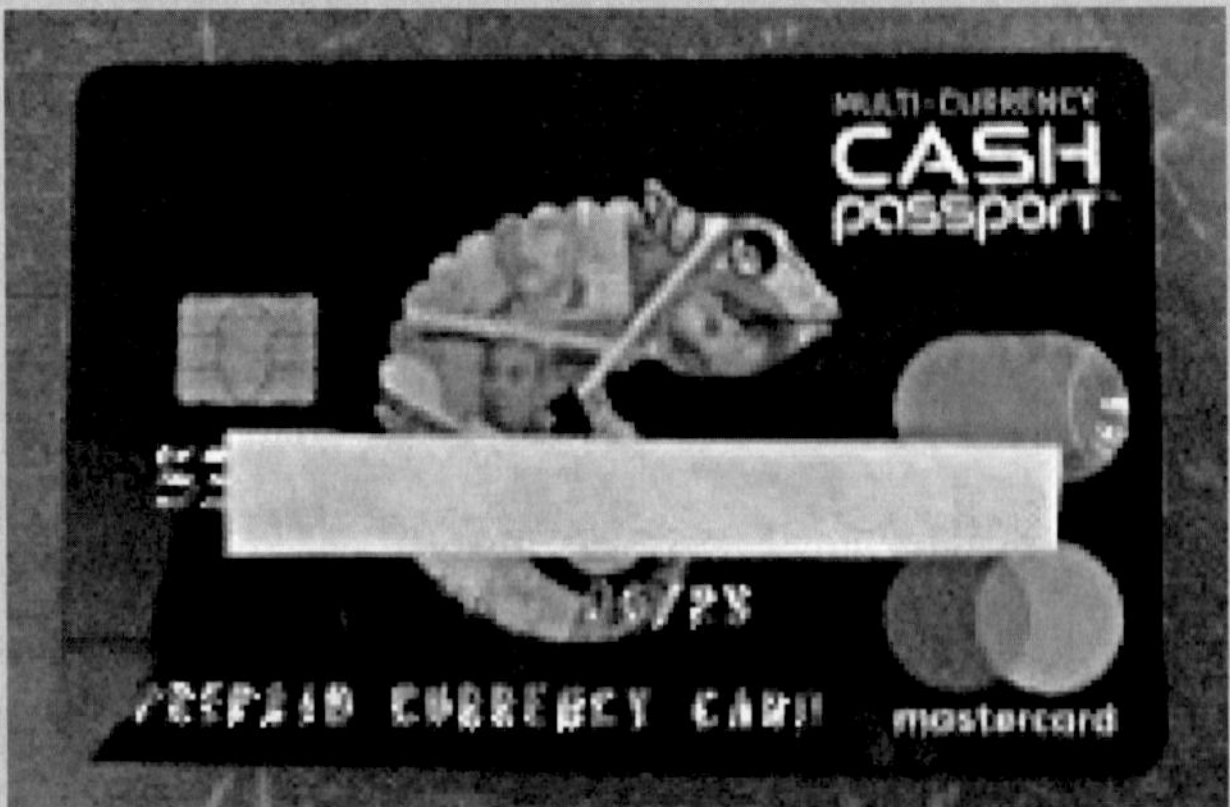

キャッシュパスポート

物価

コーヒー　2ユーロ（266円）
コーラ　2ユーロ前後（266円）
タバコ一箱　7ユーロ（931円）
パン2食分　2ユーロ前後（266円）
三食分調達10ユーロ前後（1330円）
レストラン昼食5～18ユーロ
（665～2394円）
レストラン夕食8～18ユーロ
（1064～2394円）
〈2019年6月　1ユーロ＝133円〉

酒類（ビール、ワインなど）は飲まないのでわからない。

シャワー・洗濯機・乾燥機は、1または2ユーロ硬貨がいるので必ず準備しておくとよい。トイレは0.5または1ユーロ、渡し船は2ユーロ。

宿泊

ヨーロッパの歩く旅では必ずテントを持って行く。2013年は、自分たちで決めたTSのテント泊が多すぎたのか、帰国後、体調を崩して寝込んでしまった。それで2014年は、テントは少なくして、できるだけ宿泊設備に泊まるように心がけた。2014年のテント泊の経験から今回2019年は、フライ（テント本体を覆う屋根）を持参した。重さは増えたが、フライのおかげで雨が降っても濡れなかった。常設・季節CSは、必ずシャワーがあって疲れがとれるため、今回はテント泊が増えた（宿泊数の4割）。コインランドリーやレストランが付いている所もあった（飲み物だけのバーの所もあった）。CSは1泊5～12ユーロ（665～1596円、テントを張るだけ）だった。

ＹＨも27泊した（宿泊数の3割）１泊30〜52ユーロ（3990〜6916円）だった。ノイシュヴァンシュタイン城の拠点フュッセンのＹＨは満室だった。有名観光地のＹＨは予約しないと泊れない（2013、2014年も同じ）。ＹＨは低料金、朝食が豊富、部屋が清潔という長所があり、私にとっては英会話の練習の場でもある。連泊して休養を主とするときはシングルを頼むが、一泊のときはドミトリー（4人〜8人部屋）にする。27泊もすると、六大陸にある多くの国の人と話ができる。

ドイツにはガストハウス（英語名・ゲストハウス）というホテルに似た設備がある。フロントがなく、バーのカウンターのような所で受け付けてくれる。部屋は、シングルとツインがあり、広さは8〜10畳くらい。テレビ、Ｗ・ｉ・Ｆ・ｉが付いている。暗証番号は、ガストハウスが教えてくれる（ヨーロッパは夏でも夜は涼しいのでクーラーはない）。トイレは、室内にあるが、シャワーは、室内にある所と共用の所がある。朝食は付いている。夕食はないが、注文すれば出してくれる所がある。朝食付き45〜60ユーロ（5985〜7980円）。ガストハウスの方がホテルより少し安い。

今回泊まったホテルは、朝食付き34〜98ユーロ（4522〜1万3034円）。7月3日ギュンツブルクGunburgの129ユーロ（1万7157円）は例外だった。これは、町中の3つのホテルが満室または予約した人しか泊めない、といわれ、ＹＨは受付で英語が通じなくて、宿泊客に聞くと空き室があるような感じだったが、諦めるしかなかった。再び、旧市街に引き返す途中4つ目のホテルが見つかったので聞くと満室だという。

旧市街に戻って「テントにしようか。まだ明るいから」と思案していたら、レストランのウエイターが声をかけてくれ「ホテルを探しているのか」「そうなんですが、4つは、満室か予約客しか泊めない、と言われて……」「よし、ちょっと待ってろ。電話して聞いてやろう」と親切な申し出。目の前で電話してくれ、通話はすぐ終わる。「空いているよ。ここへ行きなさい」とホテル名、電話番号、略図を書いて渡してくださる。

ホテルはすぐ見つかったが、遠目に「これは高い」と思う。玄関に行くと三ッ星。「親切に探してくれたのだから、しかたがない」と思い、泊まったので高額になった。

バックパッカー専用のホステルは1泊20ユーロ（2660円）で2回泊まったが、これは地元の人が案内してくれたのと、略図付き案内カードをもらったのでわかったが、自力では見つけにくい。

3回の経験では、ホテル・ガストハウス・ペンションなどは飾り文字のアルファベットで書いてあることが多く、とても見つけにくい。ＹＨは世界共通のマークと旗が立っているので、すぐわかる。

飾り文字で名前を書いたホテル

オーストリアを歩く

河の表情

① ドナウバス――7月30日（火）

観光船ではないが、ドナウ河の源流から黒海までの間で蛇行する最大のU字型のシュレーゲンのくねりの右側（東側）を5km航行するドナウバスがあった。シュレーゲンSchlögenからグラヘナウGrafenauまで行く。乗船する人は船乗り場から電話をかける仕組みになっている。ちょうど、自転車に乗った母と娘が来て、電話を掛けてくれた。15分くらい待つと屋根の付いた小さな船が下流から来て、乗り込んだ。船の前部が開閉できて自転車も積める。ドナウ河はいろいろな形の船があって、船が好きな人は楽しいと思う。船から眺めると改めてドナウ河の大きさに驚く。右岸に小さく自転車が走っていて、左岸は深い森だった。水の動きがわか

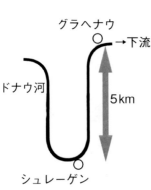

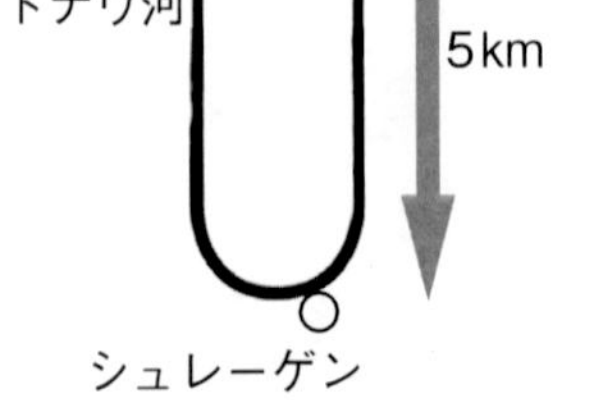

るほど流れが速い。雨が三日間降っていたので、いつもより流れを速く感じた。

② 船に対する交通標識

日本の川とドナウ河やライン河のちがうところは、航行する船への交通標識が多い点だ。次のページに沿線五ヵ国で見た標識をいくつか載せた。車に対する標識と似ているので、理解できるものもあるが、中には意味のわからないものもある。ダムや発電所の標識が珍しい。信号燈もあり、点滅で知らせるのだろうか。ダムや発電所でも航行する船を見ているようでレーダーの塔も立っているし、回転していた。ダムや発電所の閘門周辺には夜多くのオレンジ燈が点灯する。一度雨が降っていて暗くなった午後4時頃発電所に来ると、オレンジ燈が閘門付近を煌々と照らしていた。船への標識に気づいたのは、ドイツのウルムからだ。

ドナウバス

船への信号灯

「渦巻きあり」

対行禁止

「中央に寄れ」

ダムの監視レーダー

「4 km先にダムあり」

林立する標識

河口からの距離（km）

③ 発電所、ダム、堰——8月3日（土）

ドナウ河は、発電所が多い（ライン河を歩いているときは気づかなかった）。日本では、水力発電所といえば小高い山の上から、太い導水管が1本または3本降りて来て水を落下させ発電機を回転させるというイメージだが、ドナウ河では、10mくらいの落差で発電機を回転させているようだ。水量が多いから落差が少なくても発電機を回転させることができるのか。ダムは、水道水や耕地への用水のためだろう。日本のダムは20m、30mぐらいの高い堰堤が普通だが、ここでは5〜10mの高さしかない。地形が山の多い日本と平野部のドナウ河とでは水の貯め方が異なる。

ダムがどのように川に設置してあるのかは、岸から見ただけでは、わかりにくい。ドイツとオーストリアの大きなダムでは、空撮写真を載せて解説を記した説明板が設置してある。この写真は、Auseeという河跡湖の近くにあるAbwinden-Astenダムである。ゲートが5つあり、右に閘門が設置してある。河幅４００mもある所にダムをつくるとなると、日本のような深山渓谷にダムをつくるのとはまた違った技術があるのだろうか。このあたりから河の水が、茶色からやや緑がかった色に変わった。発電所、ダム、堰が近づくと流れはほとんどなくなり、静止したように見える。ときには、細長い湖のようになる。野鳥の天国らしく、多くの鳥がいて、双眼鏡で観察する人もいた。

Abwinden-Astenダムの説明板

④ 臨河工業地帯──8月3日（土）

私が創作した用語だが、オーストリアの工業地帯はドナウ河沿いにある。左岸のWindeggに来ると、対岸のリンツLintz市郊外には、オーストリアの代表的製鋼メーカーのフェストの大工場群が見える。

一つの橋を中心にして沿岸5㎞くらいに広がっている。軽飛行機が数回も離着陸していた。地図を見ると幅2㎞の広大な敷地に工場が立っている。大煙突や高圧電線の鉄塔も見える。オーストリアは、内陸国だから水が大量に必要な工業は、河沿いに立地するしかない。原料の運び込みや製品を送り出すのも船で行われているようだ。

こんな大きい工場群があるのに汚染対策は万全なのだろう。ここから下流でカワウソを見た。ドイツの代表的なルール工業地帯もライン河沿いにある。日本も明治時代に繊維工業が盛んになると、湖や川沿いに工場があったが、重化学工業が発達するときは、海沿いに工場ができて臨海工業地帯になった。

オーストリアの代表的製鋼メーカー、フェスト

⑤ わかりにくかった渡し船――8月4日(日)

Enns市に来た。ドナウ河沿いに来ると、渡し船のマークが出てきた。対岸に渡ってもいいが、地図を見て眺めのよい右岸を歩いて行きたかった。船着き場に行ったが、説明板があるものの、ドイツ語は読めない。地図によれば、直進すればEnns川に出合い、河口に橋はなく、7km上流に遡ると橋がある。通りかかった地元の人に聞くと、渡し船は対岸に渡るので、Enns川を渡るには上流に行きなさいと言われるが、どうも釈然としない。もう一度船着き場に戻って渡し船の運転士さんに聞くことにした。待っていると船がやって来た。「英語はわかりますか?」と聞くとわかるというので、地図を見せて、Enns川の対岸Pyburgに渡りたい、と話すと「OK」の返事。運転士さんの話では、一度対岸に渡り、そこから希望者があればPyburgの船着き場に行き、そこからEnns市の船着き場(今、私がいる船着き場)に行く、つまり三角形に運行しているのだ。地元の人にはうまく英語が通じなかったようだ。往復14kmもかかるところだったのでうれしかった。こういう点が個人の歩く旅では難しい。やがて、3人を乗せた渡し船は、ドナウ河を対岸に向けて横断する。船から眺めるとドナウ河の川幅は一段と広い。対岸に着くと、運転士さんが目配せしてそのまま乗っていろと言う。2人が下船して3人が乗る。船はEnns川の河口に向かって進み、やがてPyburgの船着き場に来た。父娘が自転車を持って待っていた。私が下船して運転士さんに手を振ると、運転士さんも手を振ってくれた。船着き場には電話が設置してあった。どうやら希望者は、電話をすると船の運転士さんに通じる仕組みになっているようだ。希望者がいないときは、単純に対岸を往復する。渡し船の運賃は、運転士さんに直接支払う。ときどき道路の一部として扱われ、無料の渡

ドイツ、前後から乗降できる渡し船

オーストリア、Engelhartszellの
屋形船型の渡し船

オーストリア、Ennsの三角形に
運行する渡し船

ドイツ、大型貨物船

ドイツ、レーゲンスブルク近く
Pentlingの渡し船（無料）

ドイツ、手漕ぎの船で下る人々

ドイツ、自分で造った船で下る

ドイツ、大型客船

し船もある。ドイツでは渡し船が対岸にいる場合は、鐘で合図したり、電話をかけたりする。オーストリア以後は川幅が広いので、定期的に往復している。

⑥ 眺めのよかった区間――8月6日（火）

オーストリアでは、グレインGrein～フレイエンシュテインFreyenstein間が美しい眺めだった。ドナウ河は東西に流れているので、午後に左岸（北側）に真上から陽が当たる。青空を背景に緑の流れのドナウ河を前景にグレインのひときわ大きい黒い屋根と白壁の城が見え、街の赤い屋根と白壁の家並みや緑の四角錐の屋根の塔を持つ教会、木々の緑と色彩豊かだ。今歩いている右岸は日陰が多く、人家はほとんどない。進んで行くと対岸にSt.Nikola教会が見える。六角錐の赤い屋根の塔、赤い屋根と白壁の3階建てだが、屋根裏部屋があるので実際は5階建ての大きな建物が見える。前面に高い石垣が見えるので、昔は、城壁で囲まれていたのかもしれない。さらに進むと円筒形の塔

美しいグレイン城

と高い城壁と館を持つ古城が二ヵ所見えた。17㎞の区間だったが本当に美しい眺めだった。地図を見て、右岸から眺めがいいにちがいない、と判断したのがよかった。

⑦ 洪水の記録——7月14、24日　8月6日

ドイツのNeuburug市の街を外れた川沿いに洪水記録の柱が立っていた。この記録を見ると、現在の水面から2m高い水位まで来たことがわかる。さらに下流のHofkirchen村の立て看板にあった洪水の空撮写真を見ると、木と高速道路の車線は水の上に出ているが、高速道路出入り口およびまわり一面が茶色の泥水に覆われている。オーストリアのArdagger-Marktにあるレストランでは、2階から1階へ下りる階段の途中に2002、2013年の洪水の記録が表示してあった。一度、洪水が起こると被害の大きさがよくわかる（次ページに写真）。

⑧ 遭難——8月6日（火）

大河になると日本人には想像できない恐ろしさを持っている。ボートやカヌーによる遭難である。ここまで、いくつかの遭難碑が建っていたが、この遭難碑は、一度に5人亡くなったことが記されていた。ドイツ語なので詳細はわからないが、数字と人

5人亡くなった遭難碑

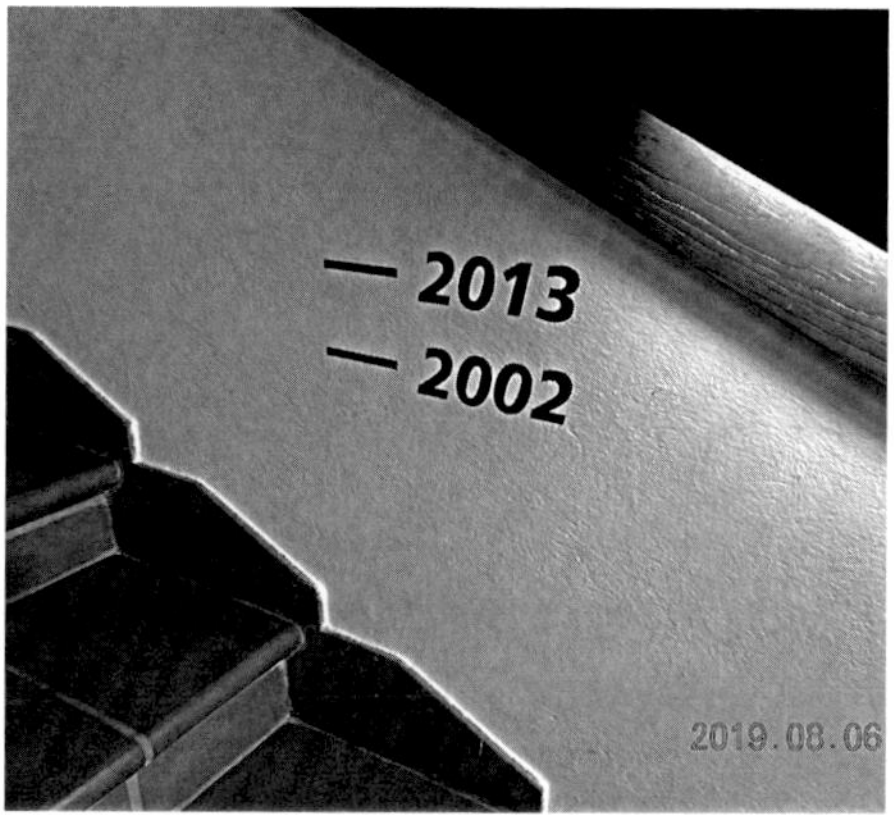

オーストリアArdager-marktの
レストランの階段に記された洪水の跡

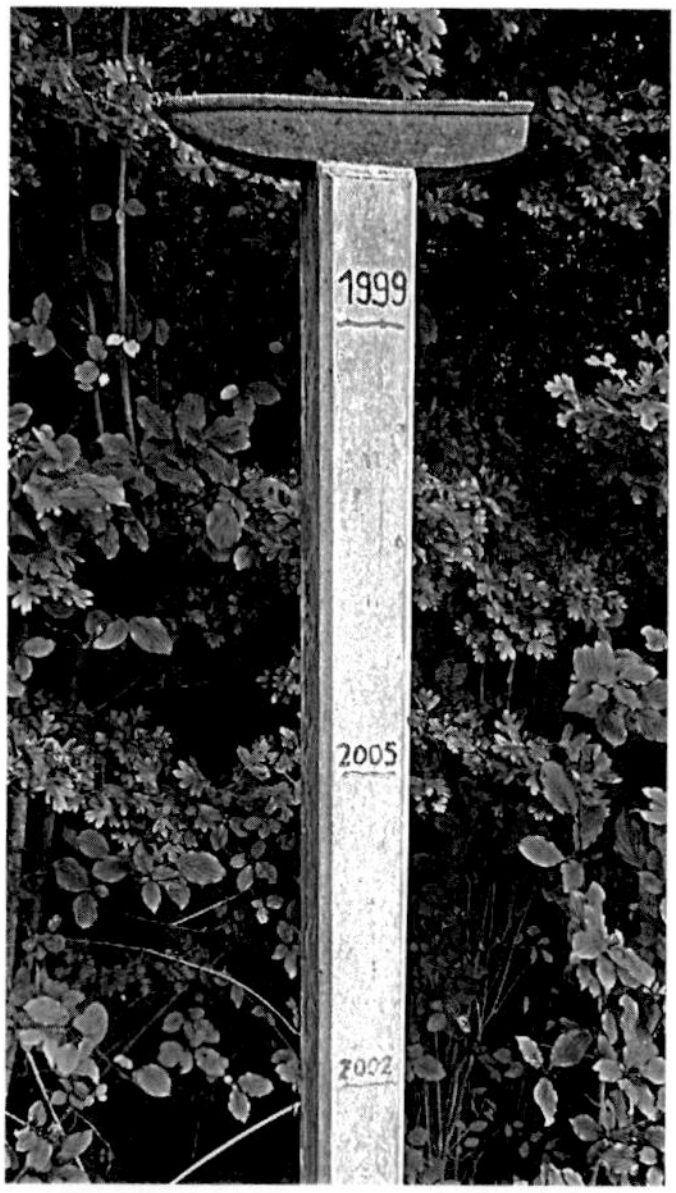

洪水の記録標（ドイツNeuburg市）

ドイツHofkirchen村の洪水時の写真

名で見当がつく。日本でも泳いでいての水死事故はあるが、ボートは琵琶湖における事故死しか知らない。おそらく天候が急変し突風が吹いたのではないだろうか。河幅が広いので、突風が吹くと高波が発生したと想像される。日本の川にはない自然現象なのだろう（のちにスロヴァキアで実際に高波を見る）。

ウィーン四人組——8月4日（日）

発電所に来て一段と雨が激しく降り出した。道標に従って歩いていると、土砂降りになった。木立はあるが避ける所がない。枝が張り出している下でしばらく立っていたが、容赦なく雨粒が体を叩く。諦めて歩き出す。広い車道を黙々と歩く。30分くらい歩くとようやく小降りになり、右にAu-see CSの案内標識が出る。左には、緑の自転車道の案内標識が各方面別に書いてある。「明日はここまで引き返せばいいな」と思い、詳しく読まずCSに向かう。わかりにくい道で、民家がポツンポツンと建っていて枝道が多くある。ようやく広い舗装された車道に出て、向こうにCSの旗と看板が見えた。

CSといいながらどうも複合施設らしく広い敷地で、ログハウスや複数のカフェやレストラン、キャンピングカーを泊める場所がある。ドナウ河につながる湖のようで、モーターボートを貸したり、空中に鋼鉄線を円形に張り巡らせ、水上スキーでぐるぐる回る施設の事務所がある。CSはその一画にあった。いくつかのテントが見え、近づいて建物に入る。「一泊お願いします」と言うと、「ここはレストランだ」と言われる。ちょうど4人の男女が座っていて、一人が「あそこにモーターボートがあるだろう。その前の建物が受け付けだよ」と教えてくれた。ザックを置いて引き返す。12ユーロだった。

受付を終わって最初のレストランに引き返し夕食を頼もうとしたら「もう営業は終わりです」とカウンターのシャッターがガラガラと降ろされた。思わず「しまった！」と日本語で叫んだ。その言葉をさっきの４人が聞いていた。しかたなく、ザックを担ぎテントを張りに行く。テント設営していたら、隣りの大きいテントから若い女性が紅茶とクッキーを差し入れてくださる。寒くてお腹もすいていたのでありがたくいただく。水を汲みに水道の所へ行くと、さっきの４人組のうちの一人の女性が「これから夕食を作る。パスタだけど、夕食を一緒に食べませんか」と誘われる。パンとハムですまそうと思っていたので喜んで受ける。「呼びに行くから待っていて」テントへ水を置きに行く。紅茶を差し入れてくれた隣りのテントからも「夕食、一緒にどうですか」と招待されたが、「ありがとうございます。実はあそこの４人の方に招待されたのでごめんなさい」と断ると、「いいよ、いいよ」と言ってくださる。

夕食が始まる前に自己紹介。４人組はウィーン在住。パッサウからウィーンまでの自転車の旅。

男性1人、女性3人、仕事は教師2人、看護士2人で女性は、ベルナデッテBernadetteさん、ダニエラDanielaさん、マーゴットMargotさん、男性はプヤンPoyanさんだった。歩く旅に4人ともたいへん感心される。食事しながら話が弾む。ウィーンの名物菓子Sacher Torteを教えてもらう。映画『第三の男』の話を私が持ち出すと、ウィーンでも知られた映画のようで5人で名場面の話になる。4人組の方からミュージカル映画が出されたが、私の知らない映画だった。ウィーンの見所も「ここは、ぜひ行くとよい」と教えてもらう。

1時間半近く話していたが、この時も私の英語はかなり通じていたようで途切れることなく会話が弾んだ。雨でたいへんだったが、こういう機会に恵まれると旅はがぜん楽しくなる。

日本人が初めて来た——8月5日（月）

歩く旅では、地方を主に歩くので、ポルトガル、スペイン、北ドイツの集落や村で「日本人が初めて来た」と言われた。オーストリアでも同じことがあった。Wallseeに近づいて来た。遠くからWallsee城が丘の上に見える。街の入口でEria川がドナウ河に合流し、Eria川に架かる橋を渡るとレストランの看板が見えたので矢印に従って歩く。今、歩いている所の右側を流れているEria川は幅広く細長い湖のような静かな水面になっている。カヌーを貸すのが本業のようでレストランは小さい。誰もいなくて、しばらくすると女主人が帰って来た。食事を頼むと「ピザでいいか」と言われたので「ＯＫ」と答える。待っている間にお客さんが来てカヌーを借り出す。どうも主人が応対しているようだ。やがて大きいピザが出て来た。半分食べて、半分は紙ナプキンに包んでザック

Wallseeのレストラン経営夫妻

にしまう。夕食と次の日の朝食用だ。

出発の準備をしていると、女主人が来て、「43歳までここで暮らし、店も長くやっているが、初めてこの店に日本人が来た。是非、一緒に写真を撮ろう）と言われ、主人も呼ぶ。奥さんがマグダMagdaさん、ご主人はジョージGeorgeさんで、カヌーを貸し出していた人だった。店の奥から人を呼んで3人で記念写真を撮る。『ヨーロッパ縦断』は、中学生が使う地図帳にさしで直線を引き、ジュネーヴやオスロへの最短距離を設定し、その線に沿って歩いた。当然観光地や大都市とあまり縁のないコースを歩くことになる。ドナウ河の流域もかならずしも大きな街ばかりではないし、まして河沿いに日本人の歩く旅人はほとんどいないだろうから、日本人は珍しいのだろう。

子どもたちからのプレゼント——8月12日（月）

15：00頃、Zeentendorf村の教会が見えるベンチで水を飲んで休んでいた。そこへ女の子4人と男の子2人の子どもたちが私の前に並んだ。「何かな？……」と思っていると、スラッとした背の高い、茶色のロングヘアのリーダー格の女の子が、少し大柄な野球帽を被った年長の男の子に目で促した。男の子が、ボソボソと話すがよくわからない。リーダー格の女の子が「もう、しょうがないわね！」という雰囲気で男の子を睨む。男の子がうつむく。リーダー格の女の子がクラッカーの箱を差し出す。どうやら私へのプレゼントのようだ。それを合図に各自が、ジュース、水、ポテトチップス、ガム、キャンデーを机の上に置いた。女の子が話し、男の子を促す。今度は、ハッキリわかる。「みんなからおじさんへのプレゼントです」。動作が伴ったのでよくわかった。私も大きい声でゆっくり、明瞭に発音し男の子に話す。「なぜ、こんなにたくさんプレゼントしてくれるの？」男の子がリーダーに通訳する。リーダーが答える。

①お腹がすいているのではないか、と思った

②プレートを見て、男の子が翻訳してくれたので、世界にはすごい旅をしている人がいるんだ、と思った。

男の子が通訳してくれる。今度もよくわかった。「ありがとう。Thank you」「写真を撮ってもいいですか？」男の子が通訳する。リーダーがニッコリ笑って6人が並ぶ。撮影後、一人ずつ握手し「ありがとう。Thank you」を繰り返す。6人ともうれしそうな顔で握手する。6人は、満足した表情で自転車に乗り、手を降りながら走り去って行った。中学生と小学生のようだった。

この6人は、一度私を追い抜いて行ったのにどうやら引き返して来たようだ。年長の男の子のみ

子どもたちからのプレゼント

英語が読めて、話ができたらしい。6人の優しい気持ちに私はたいへん感動した。多くの人々と話したが、もっとも印象に残っているグループの一つだ。

一日に出会う人数——8月12日(月)

「どれくらいの人々と出会うのか」興味を持って8：25〜18：30の間、数えてみた。

☆追い越し	自転車の旅	171人	
	街から街へ行く人	168人	
☆すれちがい	自転車の旅	28人	
	街から街へ行く人	91人	総計458人

「旅」と「街から街」の区別は装備で判断した。ドイツとオーストリアは毎日これぐらいの人と出会った。雨の日は、街から街へ行く人は少ない。街から街へ行く人が多いのは、平野部なので気軽に自転車で行けるからだろう。自転車道の整備を見たら自転車が、ヨーロッパでは文化として定着していると思う。文化を芸術面からばかり見るのではなく、『生活文化』をもっとよく知るべきだ、としみじみ思った。

50ユーロのカンパ——7月27日(土)

オーストリアに入って1日目18：00頃、車が反対車線に停まり、40代か50代の大柄な男性が降りて、私の方へやって来た。「よい旅をしているね。あのレストランで夕食をご馳走したい」と指さされたが、私の方はCSの受付時間が迫っていたので、「ご好意はありがたくいただきますが、CSの受付時間が迫っているのですみません」と断った。男性は残念そうな表情をしたが、50ユーロ紙幣を差し出し「これで食事をしてください」と言われる。私は驚いて「いやいや、あなたのご好意を受け取るだけで十分です」と押し返す。「私はあなたの旅にたいへん感動した。ぜひ受け取ってほしい」と言って、踵を返して車に戻り、走り去った。私は呆然として走り去っていく車を眺めていた。名前も聞けなかった。自分の遊びでやっていることなのに、こんな好意を受けていいのか、と思う。とても使う気にはなれず、手のひらに残された紙幣をていねいに折りたたんで、パスポートに挟んだ。『ヨーロッパ縦断』でも差し入れが多かったが、今回もカンパが6人、食事をごちそうしてもらったのが3組、果物やお菓子、水、コーヒー、パフェなどの差し入れが15組もあった。

食料調達

日本では、北海道の一部の区域を除いて食事に困ることはない。ヨーロッパは、面積が広く人口が少ないため、街と街の間の距離が日本より長い（例：面積、日本対ドイツ1：0・94　人口、1：0・67）。歩くコースも、目的地への最短コースを選んだり、川沿いだから、人が住んでいない。その国の国境の近くを歩いているため、店がない。

地図を見て、宿泊設備やレストランのマークが20km以内にそれぞれ二つあれば1食分のみ用意する。一つだとその宿泊設備、レストランが閉鎖されていれば昼食はできないし、その日はテントになる。地図を見て20km以内に宿泊設備やレストラン、スーパーマーケットのマークがなくて、「今日の昼食は途中でとれない、宿泊もテントになる」と予測したら、手前のスーパーマーケットで必ず三食分を調達してから歩いた。水を入れると10kgになるのでズッシリと重い。スーパーマーケットでは幅50cm、長さ5mくらいのベルトコンベアがレジに向かって動いている。他の人の買い

ドイツのスーパーマーケット

屋台で買ったホットドッグ

スーパーで買った昼食
（パン、サラミ、オレンジ）

一番おいしかったケーキ（ブダペスト郊外）

物と区別するために30㎝くらいの棒を置く。

実際、オーストリアであてにしていた村のレストランが閉鎖されていた。『ヨーロッパ縦断』前半のスイス国境に近づいた南フランスでは、三つの村のホテルが廃業になっていて、5日連続テント泊になったこともある。

日本とちがうのは、ガソリンスタンドに店が併設されていて、水や菓子、パン、タバコなどは手に入ることだ。今回は、国道と州道をほとんど歩いていないのであまり利用できなかったが、スペインでは、ガソリンスタンドが遥かかなたに見えると「オアシス」にたどり着いたような気分になった。ただ、ガソリンスタンドは車が対象だから、50~100㎞単位なので、歩く旅ではあまりあてにできない。あれば「幸運」ということだ。

言葉と病気

個人で海外旅行するとき、一番気になるのは、言葉と病気ではないだろうか。今は言葉は通訳してくれる機器がある。事実、英会話が少ししかできなくても娘は海外留学したし、知人も海外旅行をしている。英会話ができたらそれに越したことはない。最後の職場でT先生が電話で英語を話しながら予約しているのに大きな刺激を受けた。

さらに娘が海外留学して、最初の三ヵ月でかなり上達し、とくにヒヤリングの上達が羨しかった。娘の影響で英会話の上達に執念を燃やした。

実は、日本でも駅前留学という英会話学校に3回も入学したのだが、初級コースに入ると肝心な質問が日本語でされる。質問がわかれば英語で答えることができる、質問がわからないから苦労しているので、「これではだめだ」と退学を繰り返した。毎回10万円くらいの入学金が必要で、むだにしていた。2012年に妻がマレーシアのクアラルンプールに一緒に行かないか、と誘った。マレーシアはすでに2回行っていたのであまり気は進まなかったが「英会話学校に行ってみたら」と言われて、がぜん行く気になった。4週間通学したが、文法、筆記、宿題はできるがヒアリングがほとんどわからなかった。その時、女性のクリスティーネ先生が「ミスター・三好、今はわからないかも知れないが、努力すれば必ず、聞き取れるようになるし、話せるようになるから諦めてはいけない」と励ましてくれた。帰国後、妻に「悔しいからもう一度行きたい」と話すと、妻は心よく了解してくれた。1ヵ月後、同じ学校に入学。初め三週間は、前と同じ状態でヒアリングはまったくだめで、宿で悔し涙を流す毎日だった。娘が持たせてくれたテレビドラマ『Good Luck・第二回』を繰り返して見て木村拓哉のパイロットが指導教官と衝突して「パイロットを辞める」と言ったとき、整備士の柴咲コウが「あんたのパイロットをしたいという気持ちは、その程度なの」というセリフを胸に刻み、クリスティーネ先生もまだおられ、授業を再度受けることができ、励ましてくれた。1ヵ月くらいたったある日、先生方の話す英語が突然聞き取れるようになった。文法、英作文、スピーチは元々できていたのでヒヤリングができれば、質問されても答えられる。3ヵ月経って終了するとき、クリスティーネ先生が「あとは、実践で鍛えることです」と助言してくださった。2013年には、ヨーロッパ縦断に出かけることが確定していた。帰国してから10月頃に妻が「フィジーにも校内はすべて英語という学校があるみたいよ。費用も安いみたい」と教えてくれた。「よし、行ってみよう」と決心し、フィジーに渡った。クアラルンプールでは部屋を借りて通学したのでフィジーではホームスティを選び、家庭に下宿して通学した。寝ている時間以外はすべて英語で暮らすことになる。家族に小学3年生の男の子がおり、私の先生になって、教えてもらった。つまり、私の英会話の力は小学3年生くらいの力しかない、ということだ。学校は、初心者コースから始まるが、入校テストの結果で一つ上の初級コースに入った。ここも最初、先生の英語はほとんど聞き取れなかったが、2週間ほどすると聞き取れるようになり、終わり頃昇級試験に合格し、中級下コースになった。

2013、2014、2019年、各3ヵ月ヨーロッパを旅したが、最初の1週間はなかなか聞き取れない。耳が慣れてくると聞き取れるようになり、会話ができるし、質問にも答えられる。

各国の小さな町や村では英語を話す人はいない。大きい街のスーパーマーケットやレストラン、カフェ、お店でも全員が英語を話せるわけではない。その時は、紙に書く、書いてもらう、指でさすなどでお互いに理解することになる。しかし、私の英会話の能力は、帰国すると英語を話す機会がないのですぐ元に戻ってしまう。

次に病気だ。私は小三から気管支喘息と近年は痛風の症状がある。痛風の薬は、日頃貯めておき2ヵ月分を持参し、間を少しとばして飲んでいる。喘息の方はきちんと3ヵ月分持参するが、実際は、薬は2〜3回しか飲まないし、吸入剤も50日くらいは保つので2本しか使わない。余った薬は、航空便で送り返している。歩いている途中、薬局・歯科・病院がどこにあるかは、常にチェックしている。常備薬として、胃腸薬と解熱剤、抗生物質は日本から持参している。海外の病院にかかれる海外保険には必ず入って出国する。薬を多く持参すると、ヨーロッパの空港で荷物検査に引っかかるから、できるだけ少なくしている。

メルク修道院――8月9日（金）

オーストリアの政治史は、何冊か読んでいるので少しはわかるが、メルク修道院については、今回旅の下調べをしている時に初めて知った。本を読むと、メルク修道院がオーストリアを代表するバロック建築で、ドナウ河沿いの優れた景観を作っていると著者が言っている。「ぜひ行ってみたい」と思った。

7㎞も手前からはるか遠くにメルク修道院が見えてきた。歩き進むと河がカーブしているので対岸にあるように見える。ダムに来てようやく修道院全体が見えた。二つの塔とドームを持つ建物で、壁は、白ではなく黄土色のようだ。

メルクの街に入るには、ドナウ河とメルク川が作る三角形の土地の先端まで行って、メルク川に沿って戻るように歩く。

街に入るためにメルク川に架かる短い橋を渡ろうとして左手を見るとメルク修道院が正面、丘の上にそびえ立っていた。圧倒的な迫力の巨大な建物だった。均整がとれ、壁の黄土色と窓のまわりの白い漆喰、2階3階部分に横線の白い漆喰が美しい。

メルクは新市街と旧市街に別れており、修道院は旧市街にある。石畳の道を行くと観光客目当ての土産物店や小物店、カフェ、レストランが並ぶ通りに出た。いかにも古いという雰囲気である。多くの人々が歩いている。緩い坂を上ると、小さな門が見えて来た。かつては城壁で囲まれていたようだ。段差の低い幅の広い石畳の階段を上って行くと、修道院にたどり着き、大きな第一の門に

メルク修道院（世界遺産）

来た。くぐると100m四方もあるかと思われる石畳の前庭がある。その奥に第二の門がある。厳重な構えだ。修道院というより宮殿のような感じがする。第二の門をくぐると、正面の建物の上に緑色の屋根を持った巨大なドームが見える。ここにも石畳の中庭があり、二つの観光客グループが入場を待っていた。大きな受付で係員が4人もいる。受付で入場券を買うと、日本からやって来たということで、係員が特別に大きな記念絵はがきをプレゼントしてくれた。荷物は、すべて受付で預かってもらう。「室内で撮影禁止のマークがある所は写真を撮ってはいけません」と説明を受ける。

メルク修道院は、1730年（江戸時代中期）に完成した。公開されているのは建物の一部だが、それでも一通り見学するのに3時間くらいかかった。見どころの一つは礼拝堂、もう一つは印刷術が発明される前の中世の写本の図書館である。一人で気の向くままに見学する。礼拝堂は、金箔の祭壇を中心に絢爛豪華そのものだった（撮影禁止）ヨーロッパの人は、宮殿も教会も修道院も金《きん》をふんだんに使う。日本の仏教寺院も同じだが、なぜ宗教に金《きん》が必要なのだろうか。写本の図書館は、一室設けられていて、分厚い本がズラリと並び壮観だ。研究者にとってはとても貴重な資料だろうが、素人の私には、その価値がまったくわからない。二つの見どころよりも、私は板張りや石畳の廊下、部屋の壁紙、階段の手すりや物を入れる戸棚や扉の木製品、廊下の白い壁の方が美しい、と思った。修道院は、神学を学ぶ大学のような施設なのだが、本当にこんな豪華な施設が必要なのかという疑問の方が強かった。しかし、これを建造したオーストリア帝国ハプスブルグ家の財力には感嘆した。

実は、この修道院のドームからドナウ河を眺めることを楽しみにしていた。あれだけ遠くから見えたのだから、きっとドナウ河も見えるはず、と想像していた。最後にドームの展望台に上がるとかなり高くて、下の道路から１００ｍくらいはある。グルッと周囲に手すりと壁がついているので怖くはない。一周すると、眼下にメルクの街が見え、はるか遠くまで周囲は森に囲まれている。直下のメルク川はよく見えるのだが、ドナウ河は森に遮られて遠くにチラッと見えるだけだった。木が低かったら見えただろうにと思うと、期待していただけにガッカリした。期待していない時ほどすばらしい眺めに出会うのだ。

クレムス Krems――8月10日（土）

大きな河の港である。船着き場は、鉄道の駅のような立派な建物だ。人々が壁際に並んだ椅子に座り、船の乗降客を眺めながらおしゃべりしている。新市街と旧市街に分かれていて、旧市街は河から1㎞くらい北寄りにある。荷物の積み下ろしを考えると少し離れすぎているように思えるが流路が変わったのだろうか。この街は一泊で通過するつもりだったが、疲れを感じたので、連泊にした。おかげで街を見ることができた。

街のシンボルは旧市街入口のシュタイナー門である。一段目四角形、二段目六角形、その上に八角形の屋根と塔をたてており、両側に六角形の低い塔を備えたみごとな門だった。門をくぐると旧市街の商店街で、観光客がたくさん歩いていた。店やカフェ、レストランが連なり、石畳のメインストリート、両側に3階建ての家が続き、趣ある街並みを形成している。

地区教会とピアリステン教会を訪ねる。どちらも内部は、白壁を基調にした落ち着いた雰囲気の教会だった。

通りに戻って一本道の旧市街を歩く。すると、少し道幅の広いT字路で、ビオラ、バイオリン、チェロ、歌手の男性二人、女性二人が街頭演奏をしており何人かの人が聴いていた。思わず立ち止まった。「四季」のうち春、「美しき青きドナウ」「映画ゴッド

クレムス・シュタイナー門

ファーザーのテーマ」「アイネ・クライネ・ナハト・ムジク」などが演奏された。よく知っている曲を次々に演奏され、40分以上聴き惚れていた。私が拍手すると、他の人々もつられて拍手した。20ユーロを投げ入れ、CD一枚買った。さすがウィーンに近づくとクラシックの街頭演奏があるのか、と感心した。今まで、バイオリン一人やバイオリンと鍵盤楽器、あるいはクラリネット一人とかフルート一人という街頭演奏は聴いたが、4人というのは珍しい。

文化というのは、多くの人が演奏する、描く、彫る、踊るなど裾野が広がり、その頂点にベルリンフィル、シャガールやロダンなどが出現する。この街頭演奏家たちもひょっとしたら有名楽団の人々で、武者修行で演奏しているのかもしれないし、純然たる街頭演奏家なのかもしれない。しかし、聴き惚れるくらい上手だった。こういった偶然に恵まれると旅は本当におもしろい。こういう機会を持てたクレムスという街は強い印象を残した。

クラシックの街頭演奏（クレムスにて）

ウィーンに到着——8月14日（水）

ウィーンを流れるドナウ河は、1800年代前半までは幅5㎞に渡って流れ、洪水になると家も耕地も流された。時の皇帝フランツ・ヨーゼフは、都市改造とドナウ河の流路を変えることを命じた。1869年スエズ運河開通の知らせを受け、その土木技術の導入を決めた。ドナウ河は、三つに分けて流され景観は一変した（本による）。今歩いているのは、一番西側のドナウ運河と呼ばれる分流だ、それでも幅50ｍはある。運河沿いにカフェや軽食のレストランがあり、車道を挟んで椅子やテーブルが運河沿いに並んでいる。昼食を取ることにした。店の主人が私の笠を指さしてウィンクする。ドナウ河を見ながらの食事は、気分も最高だ。

食事が終わり、ゆっくり歩き始める。自転車の旅の人がドンドン追い越して行く。踏むペダルも軽やかに見える。路の両側には、並木があり、左に運河を見ながら歩ける快適な道である。運河の一番北側に架かるSpitteiauer橋に来た。橋の柱頭に大きな石造のライオン像が置いてあるみごとな橋だった。この橋一つ見てもオーストリア帝国の実力がわかる。オーストリアの首都ウィーン中心街に入って来た。フルトヴァンゲンの源流から57日目1147㎞を歩いたことになる。

映画『第三の男』——8月15日（木）

ウィーンと言えば「音楽の都」と言われる。ワルツ曲「美しき青きドナウ」で知られ、ガイドブックも音楽鑑賞をするにはどうしたらいいか、について多くのページを割いている。しかし、私にとってのウィーンは、もっとも好きなイギリス映画『第三の男』（キャロル・リード監督、１９４９年製作、日本公開１９５２年）の舞台としてだ。この作品は、１９４５年以後ウィーンが連合国軍４ヵ国、米・英・仏・ソに共同管理されていた時代を背景にしている。元々映画は、白黒の画面であった。『第三の男』は、光と影の対比が実に美しく、他の追随を許さない。「ウィーンに行ってみたい」と思ったが、私の二十歳代は、ヨーロッパへ行きたいということは、月へ行きたい、と同じで実現不可能なことであった。それが、50年後に実現し、今ウィーンの地に立っている。

宿泊しているＹＨからドナウ河の沿いに歩いていると、プラーター（大観覧車）の標識が出て来た。プラーターは、この映画を象徴するセリフが話され、主役二人が出会う場所になる。映画では、大観覧車のみ記憶に残っていたが、行ってみると、ここは大遊園地だった。メリーゴーランド、ティーカップなどおなじみの遊具が設置してあり、子ども連れの家族で大賑わい。大観覧車が、正面右側に見える。箱のデザインは、映画が製作された71年前とまったく変わっていない。チケット売り場は長い行列だった。一箱に20人くらい乗れる大きなもので、ユックリと回転し、上に行くにつれてウィーンの街が３６０度見渡せる。この街は、『森の都』だな、と思うくらい木々の緑が多い。中心のシュテファン寺院の尖塔が見え、ドナウの本流が悠々と流れている。映画の主人公悪役のハリー（オーソン・ウエルズ）が、友人のホリー（ジョゼフ・コットン）に捨て台詞でこう言う「イタリアのボルジア家の三十年は、ルネッサンスを生み、スイス５００年の平和は、鳩時計だけだった」（悪政だったが新しい文化を生み、平和だが小さな物しか生み出さなかった。泥棒にも三分の理屈の意味）。

プラーター（大観覧車）

「第三の男」のラストシーン

映画「第三の男」のプラーター

次は中央墓地へ行く。中心街からトラムに30分以上乗った。この墓地は、映画の冒頭とラストシーンが撮影された所で、冒頭のハリーの葬式の場面は、ここだろうな、と思われる所があったが、ラストシーンの並木道は、同じような通りがいくつかあって特定できなかった。映画が冬の場面で葉が散ったあとなのに、今は夏で葉が茂っていて景色もちがっていた。夜の場面の所にも行って見たかったが、夜は出ないことにしているので、残念だったがロケ地に行けなかった。ウィーンには「第三の男博物館」があり、そこを見学してからロケ地巡りをした方がよかったのかもしれないが、日程にかぎりがあるので、とにかく現地を見たかった。一番見たい二ヵ所が見れて十分満足した。

オーストリア帝国ハプスブルグ家

ウィーンの歴史は古い。元はローマ帝国がドナウ河沿いに領土を広げた時にできた街なのだ。１１５５年、当時オーストリアを支配していたバーベンベルク家がクロスターノイブルグからウィーンへ遷都して初めて首都となる。１２７８年、バーベンベルク家が断絶すると、ハプスブルク家が支配し、引き続きウィーンを首都にして、今日まで続いている。

ハプスブルグ家は、元はスイスの北西、バーゼル付近のライン河沿いの小領主だった。１２７３年ルドルフがローマ王（皇帝に戴冠していない神聖ローマ帝国の君主）になりルドルフ一世と名乗った頃から隆盛に向かう。珍しくこの帝国は、戦争によって領土拡大したのではなく、「婚姻政策」でヨーロッパに一大帝国を築いた。一時は、英・仏・蘭・伊南部・ブルガリア・ルーマニアを除いて全ヨーロッパを支配下に置いたこともある。マリア・テレジア女帝（1717～1780年）の時が最盛期であった。

1814年ナポレオン没落後、ヨーロッパ再編成の『ウィーン会議』を主催したのが、オーストリア帝国の宰相メッテルニヒである。利害が錯綜し、なかなか結論が出なかったので『会議は踊る。されど進まず』（リーニュ公爵の言葉）ということわざを残した。

ドイツに統一国家を作ろうとした時、ビスマルク（1815～1898年）によるプロイセン中心の小ドイツ主義とオーストリア中心の大ドイツ主義が鋭く対立し、ついに1866年、普墺戦争が起こりオーストリアは敗北して、凋落が始まる。1918年第一次世界大戦の終了とともにオーストリア帝国も終わった。実に640年間一つの王朝が続いた。約1000年続いた東ローマ帝国と並ぶ長命の王朝だった。中国の漢王朝が400年だったことを見てもいかに長く続いたかがわかる。

1945年、オーストリアは、米・英・仏・ソの四ヵ国共同管理下におかれ、1955年永世中立国として独立した。日本の独立が1951年で、日本より遅かったことから考えると当時のヨーロッパの政治情勢の複雑さを感じさせる。

シェーンブルン宮殿――8月17日（土）

最後の三日目、多くある観光名所の中で「シェーンブルン宮殿」を見学することにした。『会議は踊る』の舞台になった宮殿である。中心街からトラムと地下鉄で40分くらいかかった。駅からさらに15分くらい歩くと幟が林立し、各国語で「歓迎」と書いてあった。日本語のものもあった。

正面に来ると、宮殿らしい鉄柵の大きな門と門柱がある。広い前庭だ。宮殿は、４階建てと一部５階建てで幅２００ｍはありそうだ。受付で入場券を買うと入場制限をしていて17：30と刻印してある。２時間半も待つことになる。広大な庭と森があるので、こちらの見学を先にすまそうと思って矢印に従って中庭に入る。フランスのベルサイユ宮殿と同じように、中庭と中庭の両側に森があるが、ベルサイユ宮殿の幾何学模様の庭と違って直線と曲線の組み合わせの花壇が中心の庭だった。私にはこちらの方が親しめる。赤や黄、白の花が咲いていて美しい。両側は森で落ち着いた感じがする。奥に水の神ネプチューンの像を置いた大きな噴水が、水を噴きあげている。暑い日だったので、涼しく感じた。

シェーンブルン宮殿

丘の上に軍事記念碑として建てられたグロリエッテ（展望テラス）がある。入場料を払ってグロリエッテの屋上に上がる。ウィーン市街が見え、シュテファン大聖堂の尖塔がよく見える。東京に比べると面積は狭いがまわりは緑の低い山々に囲まれ、落ち着いた首都だと感じた。宮殿から見て左側の森に入って、散策路をノンビリと歩く。身近にこんな森を持って散歩を楽しめた貴族階級と平民はかけ離れた存在だったのだ。今市民として散歩できるようになった社会進歩をありがたく思う。庭を横切って右側の森に入る。植栽で作ったラビリンス（迷路）があったので挑戦する。やさしい方はスッと歩けたが、難しい方は、何度も行き止まりにぶつかり、終点の展望台までは行けなかった。

ようやく時間になったので宮殿の見学に行く。振り返ってみると大ギャラリー（大広間）しか印象に残っていない。大ギャラリーはベルサイユ宮殿の鏡の間に勝らずとも劣る物ではない金箔の豪華絢爛な大広間だった。オーストリア帝国の力を十分に感じさせる。「ウィーン会議」の間、この大広間でダンスパーティーが開かれたのだろう。

森の国――7月27日～8月18日

オーストリアは、入国して23日間４２６km歩いてスロヴァキアへ行くまでずっと『森の国』という感じだった。

森以外も牧草地や畑が広がっているので、一面が「緑」だ。

① 歩いている所から見える山々も平地も木の緑で覆われている。

②メルク修道院やデュルンシュタインなど高台から眺めて山も平原も平地も森に覆われている。
③首都ウィーン以外の、通過した大きい市、町や村も樹木が多い。
④木材を積んだトラックをよく見かけた。
⑤貯木場が多い。
⑥山でむき出しの土の斜面を一度も見なかった。
⑦手入れがされているようで、倒木をあまり見なかった。
⑧森で働いている人は一度も見なかった。働くにふさわしい季節があるのかもしれない。

デュルンシュタインの城から北東方向にドナウ河を望む、森が広がる（ヴァッハウ渓谷）

日の出と日没

ヨーロッパを歩いて驚いたことの一つは、6、7月の日の出と日没の時刻だ。

日の出は、6時すぎにようやく明るくなる。日本の夏の山歩きは、午前4時半に起床し、6時に出発するのが基本だった。ヨーロッパでテントを張ると午前5時頃に起きても真っ暗で、荷物をまとめられないのであきらめて再び寝た。

日没は、午後9時半頃まで明るい。午後10時でもまだうっすらと明るい。日本では、午後6時から7時の間に寝袋に入る。ヨーロッパでは午後7時頃寝袋に入っても暑くて寝られない。午後8時になってもカッと太陽が照りつけている。

一週間もするとようやく慣れて来て午前6時起床、7時出発。午後4時頃からテントを張る場所を物色しながら歩き5時には、テントを張る、と

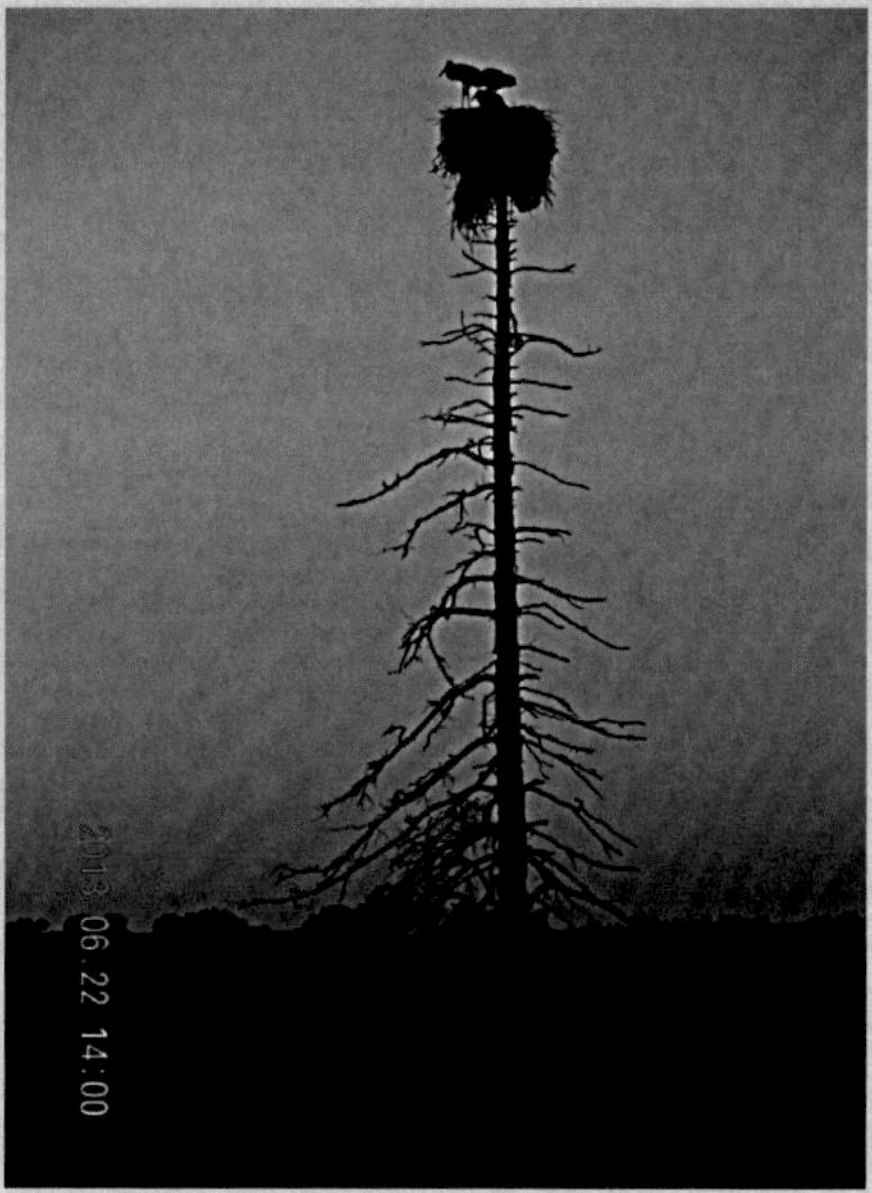

ポルトガルの朝（2013年6月22日，午前6.00）

いうパターンになった。

日没が遅いので助かることもある。村や町でホテルが廃業・休業しているときは、次の村や町まで行けるからだ。

今年のもっとも遅いホテルの到着は、21時12分だった。

この日没の時刻がレストランの開店時刻にも影響があるようで、レストランは午後8時に開店する所もある。2013年のスペインの1日目、6月25日、喉をカラカラにして午後5時頃に村のレストランに到着した。中学生くらいのお姉ちゃんと小学生の男の子が店番していた。冷えた水はすぐ飲めたが、食事は8時からだという。そこへ奥から主人が出て来たので、冷蔵の陳列ガラスケースから副菜と飲み物、特別にパンを出してもらって夕食にしたことがあった。私たちのあとに女性5人がやって来て、飲み物だけを注文し談笑していた。

ドイツ Pfelling村の日没（2019年７月21日20時46分）

トイレ

海外でもっとも困るのはトイレである。ヨーロッパのトイレは基本的に有料である。

2013年ポルトガルで歩いて4日目、街中でトイレに行きたくなって目の前の国鉄の駅に行った。まず、トイレの行き先案内がわかりにくく、ようやく見つけたが鍵が掛かっていた。コインを入れたら開く仕組みのようである。ところがコインをまだ持っていなかった。通りがかった青年が「何か困っているのか」と聞いてくれたので「コインがないのでトイレに行かれない」と言うと「ちょっと待って」と言って、駅の係員（服装を見て、どうも保線関係の人のようだった）に交渉して、従業員が使うトイレに私を案内して使わせてくれた。二人にお礼を言って駅を出た。このつらい体験から、以後、必ず0・5または1ユーロ硬貨を持つようにした。ユーロ圏以外の国は、その国の小額硬貨を必ず準備した。

係員がいるトイレは、渡せばいいが、係員がいなくて鍵が掛かっている場合はコインを入れると扉が開く仕組みになっている。3本バーが回転する形式は、コインを入れる所がわかりにくい場合があるし、カードを購入して差し込む形式のもあった。

街中に公衆トイレはあるのだが、なかなか見つけにくい。国によって外観も異なる。国鉄の大きい駅にはあるが、駅によっては片隅にあり見つけにくい。道路沿いには、日本と同じで公衆トイレはほとんどない。カフェやレストラン、スーパーマーケットにはトイレはあるが、タイミングよく出会うとはかぎらない。朝、ホテルですましておくことをおすすめする。

スロヴァキアを歩く

未知の国スロヴァキア

オーストリアからハンガリーへ入国できるのに、わざわざスロヴァキアへ向かったのは、
①デヴィンの砦を見学したい。
②ブラチスラバを見学したい。
③いろんな国を歩きたい。
という理由からだ。ドナウ河はスロヴァキアとハンガリーの国境になっていて、対岸はハンガリーの区間が長い。本によると、１９４５～１９８９年の間、デヴィンの砦が資本主義世界と共産圏の境であり、ブラチスラバについても書かれていた。さらに、この砦がゲルマン民族とスラヴ民族などとの境目だと書かれていたので、どんな所なのか知りたいと大きな関心を持った。

ウィーンからの船旅

ウィーンの前日に下見した港らしい場所へ出港1時間前に行くと、観光客らしき人が何人かいたので、ここが港でまちがいなさそうだ。40人近くの人が集まった。やがて上流から白を基調とした赤線の入った観光船がやって来た。予約していないので最後に乗船して、男性パーサーに「予約していないけど乗れますか」と尋ねると、「ちょっと待ってください」と言ってパソコンを操作し「ハイ、乗れます。予約されていたら32ユーロですが、予約されていないので51ユーロになりますが、いいですか?」「いいです。デヴィンで下船したいのでよろしくお願いします」「わかりました」のやりとりで乗船できた。

ほとんどの乗客は2階の展望デッキに上がっていたので、私も上がる。ウィーンを出るとドナウ河は再び一つに合流し河幅は400~500mとなり、まさに大河だ。船は、ゆっくりと下って行く。右岸の山頂の古城は逆光で黒いシルエットが見えるだけだ。「二度と来ることはない」と思うせいか、やたらとシャッターを押す。ヨーロッパの人々は、ワインやビール飲みながら談笑し、景色を眺めている。ライン下りの時もそうだったがまるで「おのぼりさん」だ。両岸は、森で覆われていて、意外と沿岸に町がない。一つだけ橋の下をくぐる。右岸にHainburgの町が見えて来た。この町はまだオーストリア領である。河の上でオーストリアとスロヴァキアの国境を越える。砦に近づくと川岸の絶壁の上に四角柱の見張りの塔が大きく見え、丘の頂上に砦が見える。船着き場に近づいたので下船口に行くと女性パーサーが「これは、デヴィンでの昼食券です。このレストランに行ってください」と話してくれる。下船するとき、男性のパーサーが笑顔で「Good Luck」と片手をあげたので、私も手をあげて応える。降りたのは私だけだった。一人のためにわざわざ着岸してくれたのか、と恐縮した。有名観光地と思ったのだがちがうみたいだ。桟橋から道へ登っていると後部デッキから3人が手を振ってくれている。私も手を振る。

デヴィンの砦——8月18日（日）

道に上がったが、どちらに行ったらいいのか迷っていると、左の方から観光客らしい人が来たので左に進む。しばらく行くと案内板が見えて来た。緩い坂を登った平地に、レストランやカフェ、土産物店が並んでいた。そこを通りすぎると入場券売り場があり払って入場する。緩い坂を15分も歩くと砦の門に着いた。砦は修復されていて、小さい博物館があった。

ドナウ河がよく見える。河の両側は森が連なり、スロヴァキア側は森の外側（右）に茶色い耕地が広がっている。収穫が終わったのだろう。低い丘のせいか河が大きく感じられる。緑がかった灰色の水だ。航行する船は少なく一隻の貨物船と小さい船が通過しただけだった。ただ、両岸ともすっきりし

デヴィンの砦から見たドナウ河（上流方向）

すぎて、人口の河のように見えた。城跡の敷地は城壁が細長く残っていて、部屋と思われる所もあった。小さな博物館に入って説明を読むと、この砦は1635年頃にできたようだ。砦全体を描いた当時のエッチング画も掲示されていて様子がよくわかる。

城の敷地の真ん中の広場に1m×1・5mくらいのパネルが6枚展示してあった。この砦のすぐ近くに資本主義社会と共産圏の境界があったようで、鉄条網を挟んで両側に多くの人が立ち並んでいて中年のお母さんと思われる女性が手をさしのべて嘆き悲しんでいる写真があった。1989年にベルリンの壁が崩壊するまで44年間家族親族が別れ別れになっていた様子がうかがえ、政治の非情さが伝わってくる。本に書いてあった通り、このデヴィンの砦が資本主義社会と共産圏の境だったのだ、ということが納得できた。

スロヴァキア、デヴィンの砦、エッチングの全体図の表示板

対岸から見たブラチスラバ城

ブラチスラバ——8月19日（月）

第二次世界大戦後、チェコ民族とスロヴァキア民族の二民族がチェコスロヴァキアとして独立した。ベルリンの壁が崩壊し、民族の独立が主張され１９９３年にスロヴァキアとして独立し、ブラチスラバを首都とした。チェコは工業が盛んで、スロヴァキアは農業が盛んという産業や気質のちがいもあった。ハンガリーがオスマン・トルコに攻められてブダペストが陥落したとき、ブラチスラバがハンガリーの首都だったこともある。

ブラチスラバのミハエル門

ウィーンとブラチスラバの距離は60㎞しかなく首都同士としては世界で一番短い。本によると、戦前はブラチスラバの市民がトラムでウィーンのオペラ劇場に観劇に行ったという。

ブラチスラバのはずれにあるドナウ河に浮かんでいる船のホテルに昨夜は泊まった。道に出るとそこからブラチスラバ城が台地の上に見える。円錐形の赤い屋根を持つ塔二つと赤い屋根と白壁の城が見える（河向こうから見たら4本の塔だった）。ホテルから5分も歩くと街の入り口にあるMartins教会に来た。この教会でハンガリー国王の戴冠式が行われたこともある。城壁の門をくぐって旧市街に入ると、朝10時なのに、多くの人が歩いていた。石畳の道が続くなだらかな坂を登って行く。両側は石または煉瓦で作られた古い建物が続いている。1800年代かもっと古いかも知れないが、1階は改装されてさまざまな店になっている。カフェやレストランも多い。やがて唯一残っている、16世紀に造られた城門のミハエル門に来た。古い街の城壁の門はどれも美しい。その街の顔になるので力を入れて建造したのだろう。ここで旧市街は終わる。引き返して東方向の旧市街を歩く。フラヴネー広場に出て旧市庁舎を見る。付属の塔が美しかった。カフェに入りコーヒーを飲む。古い街並みをのんびりと眺めるのは幸せなひとときだ。

寂しい道——8月20日～24日

スロヴァキアは7日間146㎞歩いた。首都ブラチスラバを出ると大きい街はハンガリーの国境にあるコマルノKomarnoしかない。2日間は、村や集落がまったく見えなかった。地図を見ると集落名や村の名前はあるのだが、森に遮られて見えない。時々犬を散歩させている主婦や男性が不意に森から出てくるので家はあるようだ。堤防の上の歩いている道から左側に畑があり見晴らせる所もあったが、集落は遥か遠くに見えて、近くには農具小屋がポツンと立っているだけだ。自転車旅行の人々もブラチスラバを見学したあとは、ハンガリーへ向かうのか激減した。自転車道は未舗装の角張った石の砂利道が3日間も続いた。私も歩きにくかったが、自転車の人も走りにくいだろう。スロヴァキアの経済力の今を示している。河は森が遮ってまったく見えない。河川敷の中に森があるという日本では見られない風景である。地元の人と会話したのは、赤ちゃんを乗せて乳母車を押して散歩していたお母さんだけだった。誰もいない寂しい道を黙々と歩く。とくに、運河沿いに歩いた3日間は、緩いカーブはあるもののほぼ直線の道で、これから進む方向が遥かかなたまで見え、振り返ると歩いてきた道がこれまた遥か後方まで見えて気が萎えそうだった。この運河沿いで出会った人も、自転車の旅をしていた9組だけだった。8月21日はまったく誰にも会わなかった。歩く旅では北ドイツと並ぶ寂しい道だ。自分で決めた道だからしかたがないが、スロヴァキアの７日間

ドナウ運河、先端まで歩く道が続く

はさすがに厳しかった。

自然環境保護運動——8月20日（火）

ブラチスラバを出て2日目、Conovoという集落に来ると、左手に河というより細長い湖のように見える所に出て来た。地図で測ると約2㎞の河幅である。流れているようには見えない。ここからドナウ河は分流し、本流は森に遮られて見えない。見えているのは左側のドナウ運河である。一度だけ右に本流が見えたが河幅は50ｍくらいしかなかった。運河の方が遙かに多くの水が流れ河幅も500ｍ以上がガブチコヴォ Gabcikovo ダム兼発電所を越えてサップ Sap まで続いている。対岸の自転車がかろうじて判別できる。サップ Sap でドナウ本流と運河が合流し再びドナウ河が一つになる。大型船は運河の方を航行していた。航行のルートを示すために、河の真ん中あたりに所々赤いブイが2本浮いていた。自転車道は、運河と本流の間の堤防の上にある。なぜ本流より運河の方がこんなに大きくなったのか？

本によると、1977年にチェコスロヴァキア政府とハンガリー政府の間で「ドナウ改造計画」が調印されドナウ河を分流させて巨大発電所を造ろうとした。Conovo の近くにドゥナキリティ・ダム、ガブチコヴォにガブチコヴォ・ダム、ヴィシェグラードの向いのナジマロシュにナジマシュロ・ダムの三つを建設する予定だった。私が見た感じでは、ドゥナキリティとガブチコヴォの二ヵ所はダムができていた。そのために運河の方が広く、水量も多い。内陸国であるチェコスロヴァキアがドナウ河を国内に取り込めるので積極的だった。原料・製品の輸送に大型貨物船が使えるからだ。チェコスロヴァキア側はほとんど完成したが、ハンガリー側は、30％くらい完成した１９８４年、ハンガリーで政府の弾圧にもめげずダム建設反対の環境保護運動を市民が起こした。ベルリンの壁が崩壊し、両国の社会主義政権が倒れると、両国とも計画を中止した。３日間その運河を見ながら歩いた。

社会主義について私は賛成だが、こんな自然破壊をもたらした社会主義政権には反対である。おそらく、住民の家の移転や耕地がなくなることがあっただろう。立ち退きを迫られた人々の苦難を思う。

強烈な風、河の恐ろしさ――8月21日（水）

ドナウ運河沿いを歩いていた8月20日と8月21日はどんよりとした曇り空で強い風が一日中吹きまくった。フライが傾くぐらいだった。ザックに付けた国旗がバタバタとうるさいので、旗を巻いて歩いた。川面が逆巻き白波が立つ。岸に３ｍくらいの波が打ち付ける。空は暗く、道の左を歩いていると河に引き込まれそうになるので右端に寄って歩く。洪水以外でも河がこんなに恐ろしいものかと初めて体験した。ガブチコヴォ・ダムに来ると堰堤に5ｍくらいの白波が打ち付け、もう少しで道に水が打ちあげられる。５００ｍを越える幅の河になるとこんなに高い波が起こるのかと見ていて恐ろしくなる。これではカヌーやボートの遭難が起こるはずだ。

国境地帯、左・スロヴァキア、右・オーストリア

トゥルキッシュ・カフェ——8月21日（水）

ガブチコヴォダムの堰堤を渡るとレストランがあったので、昼食を取る。２人の若い女性店員がいた。ついに非常食の乾パンか、と思っていたので助かる。ここで三食分調達した。外側に喫煙所があり、食後タバコを吸っていた。そこへ３人の労働者が来てタバコを吸う。フッと見ると、一人がガラスのコップを金属のコップ入れで持ち、茶褐色の飲み物を飲んでいる。「これは、ひょっとするとトルココーヒーかも知れない」と思い、「英語がわかりますか」と聞くと「わかる」という返事。「その飲み物は、トルココーヒーですか?」と聞くと「そうだよ。トゥルキッシュ・カフェだよ」と答えられる。「やはりそうか。ここにはオスマン・トルコの文化が残っているのだ」とわかる。１５９２年と１６８３年の２回オスマン・トルコはウィーンを包囲した。２回とも敗れたが、その時オーストリアにコーヒーが伝わった、とされている。トルココーヒーは、マメを挽きカップに入れて湯を注ぎ、上澄み液を飲む。うれしくなって店内に戻り「トゥルキッシュ・カフェをお願いします」と注文すると通じた。イスタンブールで飲んで以来、実に35年ぶりにトルココーヒーを飲んだ。旨かった!この後、スロヴァキア、ハンガリー、セルビアと探したがトルココーヒーはなくアメリカンコーヒーばかりだった。

☆スロヴァキアは、初日のホテル以外5泊がすべてテント泊だった。街がないのでホテルに泊まれない。幸い1日に1回はレストランか店に出会い、水と食料を入手できたのはよかった。振り返ってみるとこの7日間は厳しかっただけに強い印象を残した。おもしろく楽しかったとはいえないが、旅の醍醐味はあったように思う。差し入れを何回かいただき、スロヴァキアの温かい人情に触れられたのがよかった。レストランの人以外まったく人に出会わない日があったのも、珍しい体験である。ヨーロッパにはこんなに寂しい場所があるのだ。

［スロヴァキア　146・45㎞　累計1473・21㎞］

自転車旅行の様子

ヨーロッパを歩いていると自転車の旅をしている人と多く出会う。家族4人（子どもが幼児の場合や小中高生とさまざま）、親子2または3人、若い男女2人組、男性2人組、5〜6人のグループ、20人くらいのグループ、指導者引率の小学生グループ、中学生グループ（20人以上のこともある）、高齢者グループなどと出会った。だいたいバッグ2つを後につけている人が多い。日本では前後に4つ付けている人が多い。

背もたれにもたれて足を長く伸ばしてペダルを漕ぐ3輪自転車もあった。とくに珍しかったのは、幼児を乗せる幌付きの牽引車だ。風を通すように三方がネットになっていて、雨の時は透明のカバーで覆うことができる優れものだ。お母さんやお父さんが牽引している。これでフランクフルトからベネチア1000㎞、パッサウからウィーンまで400㎞を旅する。この牽引車は日本では見たことがない。日本では自転車道が少ないので危険だからまだ普及していないのであろう。

背をもたれさせ足を伸ばしてこぐ三輪自転車。写真上が前

幼児用牽引車

盗難

海外旅行では、税関の荷物検査によく引っかかった（皆さんは、スーツにズボン、キャリーバックで旅行されるが、私は、登山スタイル、ザック、キャラバンシューズなので怪しく見えるらしい）。それ以外では2014年に一度だけベルリン中央駅の新幹線のホームでザックを盗まれた。ベルリンへわざわざ行ったのは、遠野まごころネットが岩手県の訪独高校生交流団を派遣し、「合流しませんか」と多田一彦理事長から誘われたからである。ベルリンでの行事が終わって、ボンへ引き返す。新幹線のホームでガラ携で遠野まごころネットへ通信文を送っていた。日差しが強いのでザックを置いたまま、背中合わせのベンチで通信文を打ち込んでいた。終わって振り返るとザックがない！　慌てて周囲を見てもない。ホームにいた駅員さんに「盗まれた」と告げると、「一階の旅客案内所へ行きなさい」という。パスポートやキャッシュカード、現金は身に着けていたので「見つからない時は、ベルリンで装備を調達すればよいか……」と思いながら下りのエスカレーターに乗ると、下りきった正面にザックが置いてあった。調べてみると、後ろポケットに入れていたボン行きの乗車券と特急券だけが盗まれていた。泥棒も旅の道具類は価値がないと思ったらしい。「やれやれ」とホッとした。ヨーロッパの駅は、改札がない。鉄道も初めから広軌なので、日本のように新幹線用の改札もない。つまり、駅は自由に誰でも出入りできる。この後は、鉄道やバス、フェリーに乗るときは、必ず足元にザックを置くようにした。

ハンガリーを歩く

ハンガリーへ来た――8月24日（土）

スロヴァキア最後の町コマルノComarnoのプラタナスの並木道を歩いている。右向こうにドナウ河の堤防が見える。左は一軒一軒が広い住宅街だ。大きいT字路に来ると、右に大きな鉄橋が見えた。橋に向かって行くと、茶色のドナウ河が流れている。橋の真ん中の天井の梁にハンガリーの国旗とEUの旗が見える。バーゼルから73日目、１４８６km歩いてようやくハンガリーに来た。なぜか遥か遠い

SR/Mの表示板

EU旗とハンガリー国旗（写真左）
その裏側、EU旗とスロヴァキア国旗（写真右）

国に来た思いがある。欄干にSR／Mの表示板がある。SRはスロヴァキア、Mはマジャールを表す。日本ではハンガリーという英語名を使っているが、ハンガリーの人は、マジャールという国名を使っている。ウィーンを出るとき、あと18日間、連泊ができない厳しい条件の中「なんとか、ハンガリーまで行きたい」と願っていたのが、本当に実現したのだ。3人グループの若い女性にシャッターを押してもらった。少し行って振り返るとハンガリー国旗の裏側がスロヴァキアの国旗だった。

ハンガリー国境の橋に立つ

ハンガリーという国

ハンガリーの民族は、中央アジアの西から3回にわたって移動してきている。

5世紀　フン族（アッティラ王）

7世紀　アバール族

896年　マジャール族（アルパード公）を含む七つの部族の騎馬民族がドナウ河流域を征服し定住に成功。

955年　レヒフェルトの決戦（ドイツのアウグスブルクの近郊）

マジャール軍は、神聖ローマ帝国軍に敗れる。当時ハンガリーを支配したゲーザ公は、キリスト教へ改宗しないとマジャールの将来はないと考えた。

ゲーザ公の息子ヴァイク公は、エステルゴムで洗礼を受け、ローマ教皇から王冠を受けてキリスト教を国教とし、初代の国王、イシュトバーン一世となる。

1001年、イシュトバーン一世は、エステルゴムで戴冠式をあげ、ここを首都と定めた。1241~1242年にかけてモンゴルが侵入して来るまで約240年間続いた。モンゴルが侵入してからはブラチスラバを臨時の首都とした。

1526年、モハーチの戦いでオスマン・トルコ帝国に敗れ、ハンガリー国王が戦死。王位は、国王の妻の兄（オーストリアのハプスブルグ家）が継承したが、名ばかりでハンガリーは160年間実質上オスマン・トルコの支配下におかれた。

1683年、オスマン・トルコが第二次ウィーン包囲で敗れてから、ハンガリーでのオスマン・トルコの影響はしだいに後退していく。

1686年、オスマン・トルコの支配が終わり、ハンガリーは独立したが、支配者はオーストリアのハプスブルグ家であった。

ハンガリーが自らを〝マジャール〟と名乗るのは、ヨーロッパに定住した896年のことを忘れていないからだろう。

親切――8月26日（月）

ハンガリーの二日目は晴れてきた。気持ちよく歩いていると、町をはずれ自転車道の両側は、森と草地になる。ドナウ河は見えない。自転車道の前方にレストランの看板が見えるが、民家はない。こんな所で営業がなり立つのか、と思いながら昼食のために入る。ドイツでも国道のそばにポツンと一軒ガストハウスがあったが、昼食時は満席だった。ここも三つのテーブルがふさがっている。20代の女性二人と男性一人のシェフでやっていた。英語で話していいか、と問うと「ＯＫ」の返事。久しぶりに英語で書かれたメニューが出される。昼食が来て食べ始めると50代の背の高い男性と娘さんらしい二人がやって来たので、何か?と思って立ち上がると、お父さんが「よい旅しているね。この昼食は私がおごるよ」とおっしゃる。いすに置いたザックのプレートを見られたようで、慌ててお礼を言う。３人で写真を店の人に撮ってもらう。「ゆっくり食事して元気で旅を続けてください」と言い残して二人は森の方へ歩み去った。森に遮られているが、家はあるようだ。ハンガリーの人も親切だ。そのやりとりを聞いていた二人のウェイトレスがニッコリ笑う。食後、店の二人のウェイトレスとも写真を撮った。

二日歩いてスロヴァキアとのちがいに気付く。町を通過することが多く、寂しい道がない。スロヴァキアに比べ再び自転車旅行の人との出会いが多くなった。ドイツ、オーストリアと比較すると少ないが、同じドナウ河沿いなのに、なぜスロヴァキアは寂しく、ハンガリー側は街や集落が続くのか、理由はわからなかった。

自分で見つける――8月26日（月）

にわか雨が降ってきた。ドイツ、オーストリア、スロヴァキア、ハンガリーはどこも雷雨の降り方が激しい。バケツをひっくり返したような雨だ。陽がさしてきて、抜けるような青空が広がってくると、左にドナウ河が見える。Suttoを通過、Labailanの町に来る。かつて大企業の工場があったのか、大きな廃墟になっている。Eternitgyar町のはずれに来ると久しぶりにガソリンスタンドがあった。水を買って休憩する。スタンドの向こうに台地が見え、柵が上に向かって伸びている。草の生え方から見て歩道のようだ。地図を見ると河がゆるやかにカーブし、台地に「展望良し」というマークが付いている。「今夜はここに泊まろう」と決めて柵の所に来るとやはり歩道だった。ゆっくり登って行くと河の水面から50mくらい高い台地で草が生い茂っている。予想通りドナウ河の眺めが美しい。夕陽が雲を赤く染め、水面も薄い赤色になっていた。本にもガイドブックにも記されていない所だが、こういう場所を見つけてテントで泊まるのは、歩く旅の醍醐味である。

町はずれの丘の上から、ドナウ河の夕暮れ

ハンガリー国旗を手に入れる――8月27日（火）

ハンガリーに入国したがハンガリー国旗を売っている店がない。入国3日目Nyergesufalu町に来た。けっこう大きい街だ。おもちゃ屋さんがあったので「ハンガリー国旗はありませんか」と聞くと、ちょうど居合わせた子ども連れの若いお母さんが、店の50歳代の女主人に通訳してくださる。「ちょっと待っていなさい」と言って、外に出かけ2、3分して帰って来られた。「お土産用の旗だけど、これでいいならプレゼントします」、と言って、見せられたのは丈夫な紙でできたコーティングしてある12㎝×8㎝の小さなハンガリー国旗だった。ありがたくいただいて、女主人と若いお母さんにお礼を言って外に出る。さっそく、ザックのポケットに紐で付ける。こういう好意を受けるのは本当にうれしい。

エステルゴム大聖堂――8月28日（水）

威風堂々

ハンガリーのカトリックの総本山はエステルゴム大聖堂である。ハンガリーの首都がブダペストに移ってからも総本山は動かなかっ

大聖堂へ向かう途中の門

大聖堂への道

エステルゴム大聖堂をスケッチ

船からみた大聖堂（左）と王宮跡（右）

た。イシュトバーン一世が建てた大聖堂は、オスマン・トルコが支配した時代に徹底的に破壊され、今の大聖堂は１８２２年から再建されたものである。24本の円柱に支えられた古典様式の大聖堂は、河の水面から標高差50ｍの丘の上に建てられている。橋や船から眺めると威風堂々として、ハンガリーを代表する建築物だ。オーストリアのメルク修道院と並ぶドナウ河沿いの二大景観になっている。

河を左に見ながら石畳の道を歩くと住宅地になった。三叉路に小さい教会があり、さらに坂を歩くと、車道に出る。そこからU字形に左へ曲がると大聖堂の敷地らしく、植栽が美しく刈り込まれている。メルク修道院に比べて店はないし観光客は少ない。散策している人々が静かに正門へ歩いていく。石の階段やスロープを上っていくと緑の丸い円蓋がとても大きく見えてくる。正面玄関に来るとその巨大さがよくわかる。大きなイシュトバーン一世の騎馬像を仰ぎ見る。建物の大きさから信者の寄付や当時のハンガリーを支配下に置いたオーストリア帝国ハプスブルグ家の財力の大きさがよくわかる。正面玄関は、ギリシャの神殿建築に似ており、8本の太い石の円柱や屋根の下のファザードの彫刻がみごと

エステルゴム大聖堂の内部

だ。外壁は、白と赤の大理石のようで汚れているが、それでも美しい。

内陣

内部に入ると、壁も天井も白が基調で、ドーム型の円天井の壁画が美しい。ドームの外側に回廊があって見学できるので入場料を払い、狭い螺旋階段を上がっていくと外に出た。水面から100m以上の高さがあるのだが、手すりと腰ぐらいまでの壁があるので怖くない。灰緑色をしたドナウ河がゆったりと流れている。エステルゴムの市街地が180度見渡せる。青空が広がり、河畔には並木が続き、王宮の赤い屋根と白壁、民家が眼下に広がっている。対岸の午前中に行ったスロヴァキアのSturovo町の家々が見える。平地も低い丘陵も森に覆われて美しい。こうして眺めるとハンガリーもまた緑に恵まれている。そして、ドナウ河の大きさ！　中流域でこれだけの川幅があるのだから大河である。ここまで1532㎞歩いて来た。よくぞ、ここまで歩いて来たと思いながら、眺めを充分に堪能し、回廊から降りて、聖堂の外に出た。

乗客4人の船旅——8月28日（水）

エステルゴムのYH前からブダペスト行きの観光船に乗る。最後の船旅になる。16：00発なので「今夜は、ヴィシェグラードに泊まる」と決めていた。ドナウ河はヴィシェグラードまでは西から東へ流れているが、ヴィシェグラードから90度曲がり北から南へ流れハンガリーの国土を東西に分けてセルビアに向かう。この曲がる所をハンガリー語で『ドゥナ・カニャール』、英語で『ドナウ・ベント』と言い、日本語では『ドナウの曲がり』と呼ばれている。本もガイドブックも景勝の地と書いてあったので「ぜひ行きたい」と思っていた。

乗客はたったの4人だった。船から眺めるエステルゴム大聖堂と王宮跡がすばらしい眺めだった。歴史遺跡は、船から眺めるのもいいと思った。

船に売店があり、若い女性が店番をしている。暇そうにスマホを操作していた。ホットドッグを買って景色を楽しみながら食べる。左岸は、絶壁になっていて、草や木が生えているが白い露岩も見え、右岸は深い森が連なる。景色がちがって見えるので、船旅も悪くない。

『ヨーロッパ縦断徒歩の旅』が終わったとき「次は、イギリス語学留学」をするつもりでいた。それなのにドナウ河を今、船で下っている。人生はわからないものだ。緑がかった水が流れている。船はゆっくり下っていく。両岸は高さ200mくらいの台地や山並みが広がるおだやかな風景だ。やがて山頂にヴィシェグラードの古城跡が見えて来た。港に近づくと大きな四角柱のシャラモン塔が見えた。港に着いて下船する。

船から見たヴィシェグラードの古城

次の日17：30、ヴィシェグラードの港から乗船する。ブダペストまで船で行けるが、歩いてブダペストに入りたいので途中の港で降りるつもりだ。下って行くとまだ明るいせいか、河で遊ぶ人が多い。一ヵ所は名の知れた河遊びの所らしく100人以上の人々が泳いだり、ボール遊びをしたり、小さいボートを漕いだり、浮き輪でジャブジャブしている。私の感覚では、こんな濁った河で泳ぐ気にはならない。自然環境がちがうと人の感覚もちがうのか、と思う。

低い台地が岸の両側に広がっている。センテンドレSzentendreの街並みが見えてきた。

ドナウ河の船旅は

1　ヴェルテンブルグ修道院　～　ケールハイム　約5km
2　シュレーゲン　～　グラフェナウ　約5km
3　メルク修道院　～　クレムス　約36km
4　ウィーン　～　デヴィンの砦　約55km
5　エステルゴム　～　センテンドレ　約46km

の5回乗った。のんびりと下り、重い荷物を担がず、景色をゆっくり眺められるのがよかった。河幅が広くなり、水の色や沿岸の景色も変わる。ドナウ河がどんな河なのかを知るには、やはり船旅をしてよかった、と思う。自然景観や歴史景観だけでなく、河岸に連なる森、河川敷の広さ、岩壁、村の教会、古城、館、河での遊び、濁った水でも泳ぐ人々、行きかう大型貨物船、豪華客船など日本の川とはかなり様子がちがうことがわかっておもしろかった。

ホテルが高い——8月29日（木）

センテンドレSzentendreの船着き場で下船する。桟橋通りにはホテルがない。教えてもらい街の中に入って、ホテルは見つかったが、27800フォリントだと言う（11120円）。前夜のホテルが11870フォリント（4748円）だったので泊まるのはやめて、しかたなくドナウ河沿いに歩く。暗くなって来て、音楽を流している遊び場の水銀灯や車道のオレンジ燈の照明が明るい。どこかにテントの張れる場所はないかと探しながら歩く。幸い、河岸の木が茂って下が砂地の所が見つかる。19：55、テントではもっとも遅い時刻になった。暗いのでライトを点けてテントを組み立てた。これが結果的に最後のテント泊になった。

ブダペスト郊外のいこいの場Rómaifürdő——8月30日（金）

岸に固定した船でカフェをしていたので入る。コーヒーを飲みながら景色を楽しむ。日本とは植物相が異なり、ドナウ河の薄緑色の大きな流れ、群れる水鳥、行きかう貨物船やカヌー、ボートを眺めていると「日本とちがうなぁー」としみじみ思う。日本の川は流れが急でカヌーやボートで遊べる所は少ない。

再び歩き出す。河に沿って歩くということは、町の裏側を歩くことになる。時々右を見ると多くの車が走っている。あそこが国道か州道なのだろう。街の裏側にしてはきれいで、ゴミが落ちていない。

カフェ、レストランが連なっている所Rómaifürdőに来る。ブダペスト郊外の行楽地なのだろう。多くの人が座っている。飲み物と軽食のカフェに入る。前の人の注文したものがおいしそうに見えたので名前を教えてもらい、それとアイスコーヒーを頼む。店員の若い女性がニッコリ笑って注文を受ける。実際、今回の旅で食べたケーキの中で一番おいしかった。タバコを吸っていたら、私と応対した若い女性の店員さんが、アイスクリームを盛ったパフェを持ってきて、「私からのプレゼント」と言われびっくりした。日本から来て、歩いて旅していると話したので何かを感じてくれたのかもしれない。今まで、食事や、飲み物、カンパをしてくれた人々は、50～60歳代の男性か、夫婦、40歳代の家族が多く、今朝の男性が30歳代で一番若かった。若い女性からアイスクリームパフェをいただくなんて、この歳ではあり得ない出来事だったので驚いたしうれしかった。出るとき写真をリクエストしたら喜んで応じてくれた。彼女もスマホで同僚に撮ってもらっていた。

ブダペスト郊外Rómaifürdőのカフェにて

ブダペスト——8月30日～9月2日

① 到着——8月30日（金）

まだ明るいがもう午後5時30分。市内をめざしブダペストの郊外電車Szentlek ter駅に来る。多くの人々が乗降している。オフィスへ言ってブダペストカードを頼むが、英語がうまく伝わらなかったのか、郊外電車と地下鉄しか使えない3日間のカードを買ってしまった。市内に到着したので電車に乗れるのに、私のこだわりでギリギリまで歩く。次のマルギット橋駅に午後7時に着いたので歩くのは止めて、電車と地下鉄を乗り継いでＹＨに近い駅で下車する。地上に出て見ると、ビルは10階前後の高さに統一され、整然と連なる。繁華街なのか、歩道は人でいっぱいだった。大通りを行くが、左に曲がる所がわからない。何人かに聞くが「わからない」との答え。幸い通りの名前がビルの壁に取り付けてあることに気づき、それを目当てに歩く。ようやく曲がる所がわかったがとても賑やかな通りで、ディスコやレストラン、バー、ミニスーパーなどが並んでいる。半信半疑で進むと遠くに蛍光灯の看板「MAVERICK」が見えた。首都のＹＨって、こんな繁華街にもあるのだ、と感心した。これなら若い人にとっては、よい立地だろう。私には、少し賑やかすぎるが……。ついにブダペストに着いた!!　8月17日の夜ウィーンのＹＨで今後の行程を検討したときに、「連泊する余裕はないが、ブダペストまでは行きたい」と思っていたのだが、なんとか実現できた。ここで休憩を兼ねて三泊した。

ブダペストのトラム

②　ドナウの真珠――9月1日（日）

ハンガリーの首都ブダペストは『ドナウの真珠』といわれ世界遺産でもある。ドナウ河沿岸の都市でもっとも美しい街という意味だ。ここまで通過した街は、ウィーンを含めて右岸か左岸のどちらかに中心街があるのだが、ブダペストの特徴は、ドナウ河が街の真ん中を流れていることだ。1873年に西岸のブダとオーブダが東岸のペストと合併して『ブダペスト』の一つの街になったため河が街の真ん中を流れるようになった。6つの橋が架かり、いずれも特色のある橋として知られている。本の著者加藤雅彦氏は「全長二八四〇キロを通して、自然と街とが、これほどみごとに調和して、絶妙な都市景観をつくり出しているところを、私は知らない。」（116ページ）と述べているが、ブダペストを2日間見学して、私も本当にその通りだと思った。

まずマルギット橋駅まで行き、そこからYHまで歩く。一昨日マルギット橋駅まで歩いたのでブダペストに到着したことにすればいいのに、私のこだわりで宿舎まで歩かないと気が収まらない。マルギット橋駅からドナウ河沿いに歩いて、YHまで6・5㎞もあった。

③　くさり橋――9月1日（日）

首都ブダペストのドナウ河に架かる6本の橋の中で一番有名なくさり橋Szechenyi Lanchido（Chain Bridge）へ行く。1849年に架けられ、ブダ（西側）とペスト（東側）を繋ぐ最初の橋になった。それまでは船で渡っていた。第二次世界大戦でドイツ軍に破壊され、1949年に再建され開通した。車も対面通行できる大きな橋だ。橋の袂にある四つの橋柱にライオン像がある。このライオン像は、ウィーンの橋にも据えられているし、大阪の中之島に架かる難波橋にもある。くさり橋の像は、難波橋のより一まわり大きい。多くの観光客が行き交い、写真を撮っている。私も頼んで撮ってもらった。この橋は、夜のライトアップでも有名だ。

④ ゲッレールトの丘——9月1日（日）

王宮のある丘より、こちらの方がドナウ河の眺めはよいだろう、と想像し、ドナウ河沿いに大通りを南に歩く。エルジェーベト橋を通過し、自由橋の袂まで行き、そこからゲッレールトの丘に登る。ここも多くの人々が登って行く。30分ほど歩いて頂上に着くと広い丘になっていた。やはり眺めは王宮跡よりよかった。ドナウ河がブダペストを二分している。大型客船や大型貨物船が岸に係留されており、小さい船の航跡が白い波を描いている。北にマルギット橋、くさり橋、南に自由橋、ベトゥーフィ橋が見える。ま下のエルジェーベト橋だけ木が茂っ

ブダペスト、くさり橋

ブダペスト、ゲッレールトの丘から。

ていて見えないが、いい展望台だ。

ここは要塞跡でハプスブルグ家がハンガリーの独立運動を鎮圧したあと、ブダペストを監視するために建てたという。実際、王宮もブダ側とペスト側もよく見える。ブダ側は、家々が山裾に建てられているから緑が多い。ペスト側は建物が密集してビルも多く、意外に緑が少ない。市街地の外側は緑に包まれた低い丘陵が広がっている。この丘は、標高235m、河の水面から100mの標高差はあるだろう。頂上に『自由の象徴』と名付けられた巨大なモニュメントがある。たくさんの人が散策している。

正午になったので城壁の影で持参したパンを食べる。食後、北に向かうと土産物屋が並んでいた。自由橋のプレートとオードリー・ヘップバーンの金属板の写真を買った。木が茂っている散策路を下っていく。整備されていて歩きやすい。エルジェーベト橋の正面に降りた。

⑤ 確かめる――9月1日（日）

市内観光がすむと、ベオグラード行きの国際列車の発車時刻とホームを確認するために地下鉄でブダペスト東駅へ行く。首都の中央駅はさすがに大きく近代的な美しいビルだった。インフォメーションで聞くと、「ベオグラード行き国際列車は、現在運行されていません」「えっ⁉」。こんなことがあるから現地で必ず確かめておく必要があるのだ。

気を取り直して、国際バスターミナルでベオグラード行きのバスを確かめることにした。ネープリゲト長距離バスセンターは市街のかなり南なので地下鉄で行く。大きなバスセンターでチケットを取って、待っていると呼ばれて窓口に行くシステムだった。ベオグラード行きの国際バスは毎日1便運行されていることはわかったが発車時刻を聞き忘れた。ＹＨでこれからの行動を考えることにした（次の日、朝早く行って正午発とわかった）。

⑥ 聖イシュトヴァーン大聖堂――9月1日（日）

市内に引き返す。もう午後5時すぎなので、最後の見学場所としてペスト側にある聖イシュトヴァーン教会に行くことにした。内部は拝観できないだろうが、せめて外観だけでもと思い地下鉄で行く。最寄り駅で降りて、地図を見ながら進む。尖塔が見え、教会に着くと、まわりは広場になっており、グルッと多くのレストランが取り巻いていた。ギリギリ間に合って、短時間だけ堂内を見学することができた。教会を眺めながら夕食にする。

１８５１年に建設が始まり１９０５年に完成。建築監督が三代にわたる巨大な聖堂だ。ヨー

ブダペスト、聖イシュトヴァーン大聖堂

聖イシュトヴァーン大聖堂の内部

ロッパの首都や主要都市には必ず大聖堂（カテドラル）があるが、ここブダペストもこのカテドラルが、国とその時代を代表する建築物であり、文化の粋を結集している。建築家や工芸家の情熱、財力を提供する王室や商人、信仰深い人々の情熱に驚く。航空機や新幹線、オリンピック、万博などは、利便性、効率性、楽しみという面が強く、『純粋な心の表象』がないような気がする。もっとも「宗教」を本当に理解していない私には「なぜこんな巨大建築物を造ったのか」と思ってしまう。建物を文化としては評価しているのに、造ったことには違和感を持つ。矛盾している、と自分でも思う。

今年が最後

9月1日夜、YHに帰って『これからのこと』を考える。ベオグラード行きの国際列車は現在運行停止だとわかった。日本で購入したヨーロッパの時刻表には、ブダペストからベオグラードまでの国際列車の時刻が掲載されているのに、である。

出発する前は、ドナウ河に沿いの歩く旅は、2年計画であった。だが、歩いているときに妻とラインでやり取りをしていると妻の体力が予想以上に落ちていることがわかり、「今回が最後のヨーロッパ徒歩の旅になるかもしれない」という思いが強くなった。歩く旅は、家族みんなが元気であることが必須の条件である。妻の体調不良が8月には顕著になってきた。同じ頃ベオグラードまで歩いて到着することは無理だということがはっきりした。今回はどこを終点にするかだ。8月17日ウィーンでブダペストを当面の目標にしようと考え、ブダペストへ無事に到着した。休憩や観光に日を使うと残るは、9月2日、3日の2日間だ。帰国便は、ベオグラード空港になっている。ブダペスト空港発に変更することは可能だと思うが、ヨーロッパに来ることはもうないだろうから、ベオグラードは見て帰国したいと思った。

そこで、ブダペストから2日間歩き、そのあと国内列車でハンガリーの国境駅まで行って、歩いて国境を越える。それからセルビアの国内列車に乗ってベオグラードに行くという方法だ。だが、国際列車が運行を止めているということは、ハンガリーとセルビア間に何かがあるにちがいない。歩いて国境を越えられるのだろうか。自転車は通過できているのだから大丈夫とは思うが、厳しい国境越えかもしれない。

結局、ブダペストを『歩く旅』の終点にして、国際バスでセルビアに向かうことに決めた。ウィーンで「せめて、ブダペストまでは歩きたい」と思ったのだから、これで満足するべきだ。あとから考えるとあと1日、9月2日もブダペスト観光に使えた。そうしなかったのは、日本に帰るためには、とにかくベオグラードに行っておく必要があると思ったからだ。

結局わからなかった

本にあったデヴィンの砦が、ゲルマン民族とスラヴ民族などとの境界、という意味は結局よくわからなかった。スロヴァキアとハンガリーを15日間歩き、人や服装を見て料理を食べても、家屋、教会建築を見学しても何がちがうのかほとんどわからなかった。わずかに、ギリシャ正教の教会を見学してカトリックとは雰囲気がちがうということと、ハンガリー国内の教会の屋根が丸いということに気づいたくらいである。見た目は、デヴィンの砦から東に行ってもヨーロッパ文化と同じではないか、というのが私の率直な感想である。

どこまで行くか、行けるのか

『歩く旅』は、起点ははっきりしているが、終点は歩いてみないとわからない。気力と体力、一日に歩ける距離、天候、ホテルの有無、現地の交通機関の状況によって変わる。

今回のドナウ河を歩く旅は、計画では、スイス・バーゼルを出発して、セルビアのベオグラードを終点にして、１８００㎞と考えていた。

歩き出して脚力が落ちて、一日18～20㎞しか歩けないとわかった。プレートには、バーゼル～ベオグラードと書いているので、「どこまで行くのか」と質問されたら、６、７月は「ベオグラードまで」と答えていた。ドイツ国内ではまだ可能性はゼロではなかった。

ドイツ・オーストリア国境のパッサウに着いたとき、全日程の半分45日かかって、歩いた距離は９１４㎞である。あと９００㎞以上あるので、この段階でベオグラードまでは難しいことがはっきりした。オーストリアに入って最初の３日間は、天気が悪く土砂降りもあって弱気になる。「ウィーンまで行けたらいいか」と思ったりした。今回は、オーストリア国内で一番心が揺れ動いた。

ウィーンに着いたのが８月14日（水）64日間使い、歩いた距離が１２７５㎞。ベオグラードからの帰国便を考えると３日間の余裕がほしいので、あと23日間。一日20㎞として４６０㎞、ブダペストに到着するのもかなり厳しいと思ったが、ウィーン～デヴィンの砦間約55㎞、エステルゴム～センテンドレ間46㎞、合計１００㎞余が船旅なので行けるだろうと判断した。ウィーン～ブダペスト間は、歩く距離が360㎞、船旅が100㎞となり、毎日歩かないとブダペストへ歩いて入れない。だから連泊できない、という制約が加わりきついとは思った。スロヴァキアが過酷だったので、あと2泊していたらブダペストに歩いて到着できていなかった。ブダペストに到着したのは81日目。歩いた距離1623㎞。体調がよく、気力も維持でき、天気に恵まれたから到達できたのであって、半分は『運』だと思う。もし、ベオグラード行きの国際列車が運行しておればブダペストの南60㎞まで歩け、その地点が終点になっていただろう。こういう予測できないところが『歩く旅』のおもしろさでもあり、つらさでもある。

[ハンガリー　150・16㎞　累計1623・37㎞]

洗濯と散髪

CSは、コインランドリーがあれば洗濯する。ここでも小額コインが必要だ。国によって洗濯機・乾燥機のボタンの使い方がちがうので、来た人に教えてもらうことが多かった。洗剤は、洗濯機の横の自販機で売っていた。YHやホテルでは、手洗いしてから、バスタオルにくるんで足で踏んで脱水し、持参したロープか部屋のハンガーに掛けて乾かす。ヨーロッパは日本より湿度が低いので、19:00に干せば、翌朝6:00には乾いている。

散髪は、3ヵ月の旅なので2回は行く必要がある。理髪店にはいろんな国の人が来るせいか、どの国でも英語が通じた。「こういう風にしてほしい」と簡単な単語と仕草でわかってくれる。さすがプロだと感心する。

2013年のフランスでは男性用の理髪店が閉まってしまい、女性の美容室で髪のみ切ってもらった。ドイツやオーストリアの職人さんは、腕も確かなのだろうが、カミソリの切れ味がすばらしく実になめらかに頬を滑っていく。カットと顔剃りで10ユーロ（1330円）だった。

リンツの散髪屋さん

自動販売機

ヨーロッパは、街の中や道や宿に自動販売機がない。街から離れてまわりに店がないYHの中には例外として設置してある。自動販売機がないと水の補給に苦労する。そのかわりガソリンスタンドに売店や小さな店、時には軽食を提供する店が併設されている。

タバコの自動販売機は皆無であるが、タバコ専門店は多い。たまにホテルのわかりにくい隅の暗い所に設置してある。ホテル専用のメダルを借りて入れないと買えない。レジの所でタバコを売っていたスーパーマーケットがあった。ヨーロッパでは個人商店を守るために自販機を設置していないのだ。実際に、村でも小さい商店が生きている。日本では、地方の個人商店は、お酒と種子店以外はほとんど見なくなった。生活文化のちがいをはっきり知る。日本は「コンビニ」「自動販売機」「マクドナルド」「ケンタッキー」などを、アメリカから無秩序に受け入れてしまったが、ヨーロッパ各国は拒否している。「生活文化」においてヨーロッパは独自性を維持する、と毅然とした姿勢を示している。2009（平成21）年、日本縦断南下コースの時、紀伊半島の小さな集落で小さい雑貨店（なんでも屋）をやっていたおばあちゃんが「この店もおしまいよ」と寂しそうに言ったことが忘れられない。

第1部　ドナウ河 1600kmを歩く

旅　程　表

YH＝ユースホステル　CS＝キャンプサイト　TS＝テントサイト

日目	国	月日（曜）（2019年）	歩行距離 km	累計距離 Km	行　　程
	スイス	6月09日（日）	4	4	関空→ドバイ→ジュネーブ→鉄道→バーゼル
		6月10日（月）	2	6	バーゼル市内、散歩
1		6月11日（火）	16	16	Basel→スイス・ドイツ国境→Riehen→WEIL.m.Rhein→Lorrach　YH
2	ドイツ	6月12日（水）	16	32	Lorrach→Brombach→Maulburg→Schopheimの西端
3		6月13日（木）	25	57	Schopheim→Schopheim中心街→Hausen→Zell→Schonau　CS
4		6月14日（金）	18	75	Schonau→Brandenberg→Fahl→Feldberg　YH
5		6月15日（土）	17	92	Feldberg→Barental→Am.Behabuh→Hinterzarten
6		6月16日（日）	16	108	Hinterzarten→Breitnau→Thurner→Jostal Str.
7		6月17日（月）	26	134	Jostal Str→Kalt Herberg→Furtwangen→Donau Spring（ドナウ川源流）
8		6月18日（火）	21	155	Donau Spring（ドナウ川源流）→Furtwangen→Vohrenbach→TS（牧草地の隅）
9		6月19日（水）	24	179	TS→Wolterdingen→DonauEschingen
10		6月20日（木）	0	179	休憩日、斉藤茂吉の碑、Brigach川、Die Kirche Sankt JOHANN,
11		6月21日（金）	29	208	Donau Eschingen→Geisingen→Immendingen　CS
12		6月22日（土）	27	235	Immendingen→Tuttlingen→Setten→Muhlheim郊外山中　TS
13		6月23日（日）	23	258	Muhlheim郊外山中→Fridingen→Beuren→Wildenstein城　TS
14		6月24日（月）	16	274	Wildenstein城→Hausen→Neumhel→Thiergarten　YH
15		6月25日（火）	19	293	Thiergarten→Nickhof→Sigmaringenn　YH
16		6月26日（水）	29	322	Sigmaringen→ Scheer→ Mengen→ Hundersingen
17		6月27日（木）	19	341	Hundersingen→Binzwangen村→Riedlingen　CS
18		6月28日（金）	25	366	Rieldlingen→Bechingen村→Datthausen→Munderkingen
19		6月29日（土）	22	388	Munderkingen→Ehingen→Dettingen→Opfingen
20		6月30日（日）	32	420	Opfingen→Erbach→Donautal→Ulm　YH
21		7月01日（月）	0	420	休憩日、Ulm市内観光　YH
22		7月02日（火）	27	447	Ulm→Thalfingen駅→Unterelchingen→Leipheim　CS
23		7月03日（水）	18	465	Leipheim→2565kmP→2564kmP→Guntburg
24		7月04日（木）	20	485	Guntburg→Oftingen（町は見えず）→Wildenauhof　TS
25		7月05日（金）	26	511	Wildenauhof→Lauingen→Dilingen→Hochstadt郊外　TS
26		7月06日（土）	24	535	Hochstadt→Gremheim（見えず）→Topfheim（見えず）→Donauworth
		7月07日（日）	0	535	Donauworth→…列車…→Augsburg　YH
		7月08日（月）	0	535	Augsburg→列車→Fussen…バス…Schwangau…徒歩…Schloss Neuschwanstein…Fussen→列車→Augsburg　YH
27		7月09日（火）	16	551	Augsburg→列車→Donauworth→Altisheim→Lechsend村　TS

28		7月10日（水）	33	584	Lechsend村　→Mraxheim→Riedensheim→ Neuburg 左岸
29		7月11日（木）	0	584	休憩日、Neuburg市内観光
30		7月12日（金）	23	607	Neuburg→一日中川沿いを歩き、街に入らず→Ingolstadt
31		7月13日（土）	14	621	Ingolstadt→一日中川沿いを歩き、街に入らず→TS（三本の紅白まだら煙突）雷雨で急遽T張る
32		7月14日（日）	23	644	TS→Dunzing→Wacerstein→NeustadtのCS
33		7月15日（月）	24	668	CS→Eining→Weltenberg修道院→…観光船…Kelheim ※左岸→右岸,TS
34		7月16日（火）	26	694	TS→Kapfelberg→Poikam→Regensburg郊外　ブラウンさん宅
35	ドイツ	7月17日（水）	10	704	Regensburg郊外→Regensburg中心街　Regensburg市内観光
36		7月18日（木）	18	722	Regensburg→Tegerheim→Donaustauf→Sulzbachの東　TS
37		7月19日（金）	27	749	Sulzbachの東→Demling→Frengkofen→Pondorfの東　TS
38		7月20日（土）	19	768	Pondorfの東→一日中街に寄らず→Straubingの北　CS
39		7月21日（日）	21	789	Straubingの北→Reibersdorf→Bogen駅→Pfelling
40		7月22日（月）	24	813	Pfelling→Marigposching→Kleinschwarzach→Deggendorf　CS
41		7月23日（火）	22	835	Deggendorf→Niederalteich→Winzerの手前5kmくらい　TS
42		7月24日（水）	26	861	Winzerの5km手前→Winzer→Sattling→Hofkirchen→Vilshofen CS　※左岸
43		7月25日（木）	31	892	Vilshofen→Windorf→Gaishofen→Maieehof→Passau　YH ※左岸→右岸
44		7月26日（金）	0	892	休憩日、Passau市内観光　城、大聖堂、ニーデルンブルク修道院
45		7月27日（土）	21	913	Passau→ドイツ・オーストリア国境→Payrawang→Kasten　CS
46		7月28日（日）	24	937	Kasten→Engelhartszell→Wesenuferの南東　TS　※左岸
47		7月29日（月）	10	947	Wesenufer→Schlogen…渡し船…船着き場→Au
48		7月30日（火）	19	966	Au→船着き場・・Donau Bus（船）…Grafenau→Exlau→Untermuhl…渡し船…Kaiserau　CS　※左岸→右岸
49		7月31日（水）	27	993	Kaiserau→Aschach→Fall　CS　※右岸
50		8月01日（木）	20	1013	Fall→Ufer…渡し船…Ottenheim→Durnberg駅→Puchenau →Linz　YH　※右岸→左岸
51	オーストリア	8月02日（金）	0	1013	休憩日、Linz市内観光　新しい大聖堂、展望台、Martins kirche 教会　YH
52		8月03日（土）	25	1038	Linz→街に寄らず→Steyreggへの分岐→Au-SeeのCS ※左岸
53		8月04日（日）	21	1059	Au-See→Enghagen東端…渡し船…ドナウ河・Enns川を渡る→Pyburgの北→Stein　TS　※左岸→右岸
54		8月05日（月）	19	1078	TS→2100kmP→堰→Wallseeのカフェと城→TS,Wallseeから3km、川のそば　TS　※右岸
55		8月06日（火）	26	1104	TS→Ardagger-markt→Hosgang→（対岸Grein）→Freyenstein ※右岸
56		8月07日（水）	23	1127	Freyenstein→Willersbach→Ybbs→Sarling→Sausenstein駅→集落手前300m　TS

57	オーストリア	8月08日（木）	24	1151	Sausenstein→Krummnusbaum→Pochlarm→Melk　YH　※右岸
58		8月09日（金）	36	1187	Melk…遊覧船…Durnstein…遊覧船…Krems　YH　※右岸→左岸
59		8月10日（土）	0	1187	休憩日、Krems市内観光　シュタイナー門、中心街、地区教会、ピアリステン教会　YH
60		8月11日（日）	22	1209	Krems→橋を渡る→Hollenburg→Traismauerか　TS ※左岸→右岸
61		8月12日（月）	27	1236	TS→Zwentendorf→Langenschonbich→Tulln　※右岸
62		8月13日（火）	22	1258	Tulln→Langenlebarn→Muckendorf→Hoflein　※右岸
63		8月14日（水）	19	1277	Hoflein→Kritendorf→Klosterneuburugu→Wine　YH　※右岸
64		8月15日（木）	7	1284	YH→市内中心街、Wine市内観光:大観覧車、シュテファン寺院（大聖堂）、国会議事堂、国立オペラ劇場　YH
65		8月16日（金）	0	1284	完全休養　YH
66		8月17日（土）	0	1284	Bratislava行き船着場確認、中央墓地（映画「第三の男」）、Schloss Schonbrunn（「会議は踊る」）　YH
67	スロヴァキア	8月18日（日）	船 54	1338	Wine Donaumarina…観光船…オーストリア・スロヴァキア国境…Devinの砦→Bratislava
68		8月19日（月）	24	1362	Bratislava→橋を渡る→街に寄らず→Hegerhaus近く　TS　※右岸
69		8月20日（火）	26	1388	Hegerhaus近く→街に寄らず→Vojka（見えた初めての集落） →Vojkaから2kmくらいTS　※右岸
70		8月21日（水）	23	1411	TS→街に寄らず→堰→堰を渡ったところのビルの地下カフェ→TS ※右岸→左岸
71		8月22日（木）	25	1436	TS→Mededov→街に寄らず→TS（Klizska Nemaの近く）川のそば　※左岸
72		8月23日（金）	14	1450	TS→Klizska Nema→Male Kosihy→Velky LeiのCS　※左岸
73		8月24日（土）	19	1469	CS→Nova Straz→Komarno→橋を渡る、スロヴァキア・ハンガリー国境→Komarom　※右岸
74	ハンガリー	8月25日（日）	21	1490	Komarom→Almasfuzito→Donaualmas　※右岸
75		8月26日（月）	21	1511	Donaualmas→Neszmely→Sutto→Labatlan　TS→Eternitgyarの東の丘　※右岸
76		8月27日（火）	22	1533	Eternitgyarの東の丘→Nyergesujfalu→Tat→Esztergom　※右岸
77		8月28日（水）	船 31	1564	Esztergom観光、Esztergom…観光船…Visegrad ※右岸
78		8月29日（木）	船 26	1590	Visegrad観光、Visegrad…観光船…Szentendre→Szentendreから3km地点　TS
79		8月30日（金）	26	1616	TS→Csillaghegy→Romaifurdo→Budapest　YH　※右岸
80		8月31日（土）	0	1616	完全休養　YH
81		9月01日（日）	6	1622	Margid駅→YH、Budapest観光:Szechenyi Lanchid,国会議事堂、王宮、ゲッレールトの丘　YH
82		9月02日（月）	6	1628	Budapest…国際バス…ハンガリー・セルビア国境…国際バス…Beograd
83		9月03日（火）	7	1635	Beograd市内、空港下見

84		9月04日（水）			Beograd市内観光、カレメグダン公園、サバ川・ドナウ河合流点、、軍事博物館、セルビア正教大聖堂
85		9月05日（木）			Beograd市内観光、聖サヴァ教会、
86		9月06日（金）			Beograd国際空港…飛行機…アブダビ（トランジット3h20m）…韓国・インチョン空港へ
87		9月07日（土）			台風のため仁川空港に着陸できず。東京成田に着陸　17:44、東京19:04dep、茨木22:18arr.

スイス	12.82km
ドイツ	887.91km
オーストリア	426.03km
スロヴァキア	146.45km
ハンガリー	150.16km
総計	1623.37km

休憩日を含めると１日平均19km（86日間）
実質歩いた日数なら１日平均21km（77日間）

①休憩日・観光の距離は省き、前進した累計距離を示す。
②観光・見学で合計153.47kmあるが、累計距離数には入れていない。

第2部

「歩く旅」のすすめ

旅のこぼれ話

妻の理解と協力

長距離の『歩く旅』を実現するには、妻の理解と協力が不可欠だ。三ヵ月から一年近く家を留守にするし、まして海外を歩くとなると「危険な目に遭わないか」「病気をしないか」という心配もある。初めて長距離に出るとき、日本縦断に妻は反対しなかった。後で聞くと「お父さんは一度言い出したら聞かないから。反対してもむだだと思った」と言われた。

宗谷岬に到達し、日本縦断北上コースを終えてから、持病の気管支喘息が劇的によくなり、脳梗塞の後遺症も軽減したのを見て妻は、その後、積極的に『歩く旅』を奨めるようになった。プレートをザックに縫いつけてくれ、おかげで国内では、警察官の職務質問がなくなったし、海外では、声を掛けてもらえるきっかけにもなった。また、この日本縦断南下コースのとき、大分県のコンビニで従業員の40代の女性から「私も歩くことが好きでやっているが、お客さん、自分だけで歩いていると思ってはいけませんよ。奥さんや家族が元気で、理解してくれているから、歩けているんですよ。感謝の心を忘れてはいけませんよ」という一言が忘れられない。

ヨーロッパ縦断前半は、初めは一人で行く予定だったが、一人で行くことには妻が難色を示した。今まで一緒に海外旅行したとき、私が何回も荷物検査場で引っかかりザックを広げさせられるのを見ており、「一人で行って警察に捕まるようなことがあったら」という不安があったらしい。知人の塚口肇さんと行くことになったので、安心したのか、快く送り出してくれた。2014年は一人で行くことになったが、「一度経験しているし、この人は旅では無茶なことはしないだろう」ということで送り出してくれた。ヨーロッパ縦断では、「無理せず元気で帰国すること」に気をつけた。それが次につながる、と考えたからだ。

事実、40年間の山歩き、18年間の『街道歩き』でケガや病気になったことは一度もない。今回のヨーロッパ横断（ドナウ河沿い）は過去2回の様子を見て、私の行動を信頼し快く送り出してくれた。

妻や家族に反対されると行きにくい。この18年間の『歩く旅』の経験から、妻の理解と協力は必要だと考えている。

荷物の重さ

『街道歩き』を始めた初期は、日帰り、1泊2日、2泊3日だったから荷物の重さをまったく気にすることはなかった。日本縦断北上コースの時は、2月に出発したので、朝はコーヒーを沸かして飲もうと思って、コンロやガスやヤカンを入れたり、着替えを2日分、菓子まで入れたりしたので、総計12kgを超えた。ところが2日間歩くと、「重すぎる」と思った。顔が下向きになって、前が見えない。国道・県道を歩くので車の通行量が多いのに、前が見えないと危険である。次の日、余分と思われるものを自宅に送り返した。

この後は、苦い経験から、装備一つ一つを計量し、ザックを含めて7・5kg以下にし、これに水1リットル、食料2回分を入れ、合わせて9kg以下になるようにした。

ここにくるまで装備については取捨選択を繰り返した。たとえば、長袖シャツは着ている分のみで着替えはなく、洗濯できるまでそのまま歩く。下着の着替えは1回分のみを二重のナイロン袋で包み、ナップザックに入れる。山歩きでは必需品のラジオも外した。保温のためと、テント内に雨がしみ込んできたとき、水を吸い取るための新聞紙1日分を入れた。減量には、『歩く旅』で先輩の知人・塚口肇さんが四国一周で3日間一緒に歩いたとき、荷物を点検してもらい助言を聞いた。歩けることを最優先にしたので、道行く人からは、「放浪者」一歩手前に見られたかも知れない。

ザックの余分なベルトを切り落とすぐらい、g単位でとにかく軽くなることを徹底した。ようやく楽に前を向いて歩けるようになった。国内の長距離やヨーロッパの時は、旅の途中で、パンフレット、入場券、資料、記念品を買うので11kgくらいになる（途中で増えた資料類は、後述の手紙やおみやげと一緒に国内ゆうパックや航空便で家へ送り返した）。

国内外で出会った人が、実際に「ちょっと重さを見せて」と言われ、担いで見て荷物の小ささと軽さに驚かれ、「これでよく、3ヵ月も歩けるなぁー」と言われる。（装備一覧別項）

プレート

ザックの後ろにプレートを付けるきっかけになったのは、日本縦断北上コースの時、島根県の大田市を出て出雲市に向かっていたら、島根県警のパトカーに職務質問を受け、ザックの中のものをすべて出して見せることになった。その話を妻にすると、笑いながら「そりゃ、しかたないのとちがう？　放浪者一歩手前の姿だから不審者と疑われるわ。プレートを付けて歩いたら旅人だとわかるから、私が書いて付けてあげる」ということから始まった。以後、『街道歩き』では、必ず歩いている街道名のプレートを付けることにしている。

ヨーロッパの旅のプレート（2014年）

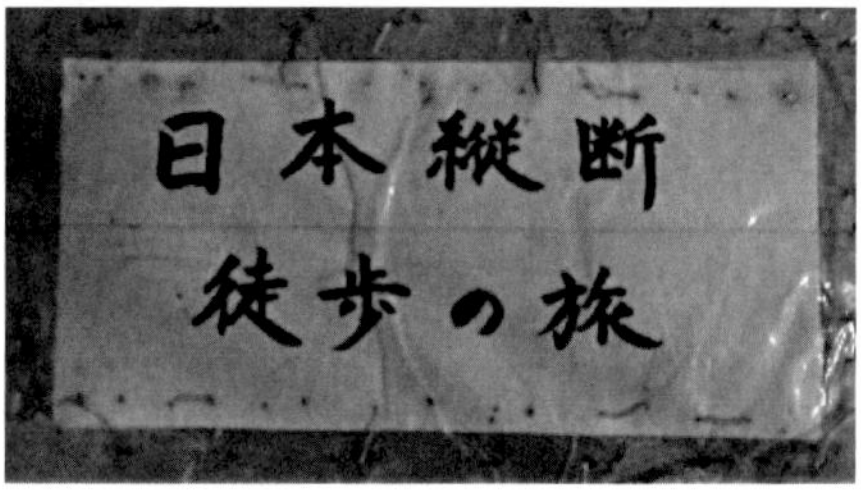

日本縦断の旅のプレート（2008年）

それをヨーロッパでもやっているのだ。笠と並んでプレートはヨーロッパの人々にとって、珍しいのか、後ろのプレートだけを撮影する人も多くいた。

靴

歩く旅での『靴』はとても大切だ。私は山歩きの習慣から、ずっとキャラバンシューズを履いている。日本縦断をしたとき、島根県松江をすぎた頃から腰が痛くなった。病気かと思い、妻に電話をかけて相談すると「靴底が摩耗したのとちがう」と言われた。改めて靴底を見ると左右の外側がかなり摩耗していた。米子に着いて靴屋さんで修理してもらうと、翌日から腰の痛みはなくなって快調に歩けた。山歩きの時は、靴は5年間くらいの間隔で靴底を張り替え、10年経つと新調していたので歩く旅の靴底の摩耗する速さに驚いた。考えてみると山歩きの時代には1年間で200km歩いていたかどうかだ。歩く旅では、毎日歩くので摩耗が早いのはあたり前だ。だいたい600～800km歩くと左右とも外側が1・2cmほど減り、O脚状になって腰が痛くなる。

ヨーロッパ縦断前半では、一緒に行った知人に奨められてウォーキングシューズを初めて履いた。1足目は日本で買い、足慣らしをしてポルトガルに行った。確かに軽かったが、マメがよくできた。2足目はスペインで買ったがピタッと合うのが見つからずまずまず行けるか、と思った靴を購入したが、やはり合わずマメができ、つま先が痛かった。コリゴリして3足目は、フランスでキャラバンシューズを買って履いた。ようやく楽に歩けるようになった。以後、キャラバンシューズに戻った。キャラバンシューズは、重いという欠点はあるが、雨に濡れず足首を保護して捻挫を起こしにくい長所がある。

外国では、登山専門店を見つけるのが難しく、仮に見つけても私の24・5cmのサイズは、子ども用になっていてなかなかない。3000km歩くと3足は履きつぶす。海外では靴で苦労した。

右足は右の底、左足は左の底が摩耗する

地図と磁石

海外での歩く旅では、地図の入手が難しい。日本国内で各国の20万分、50万分の一の地図は大きい書店に行けば入手できる。しかし、この縮尺では、自転車道や歩行者用の道は、まったく書かれていない。ヨーロッパ縦断で国道・州道を歩いた理由の一つは、地図が入手できなかったからだ。今回も6／11~7／16の間は、20万分の一の地図で歩いていた。だが、自転車道・ハイキング道に入ると、この地図では歩きにくい。6／17ドナウ河源流の町フルトヴァンゲンで書店を見つけ周辺地図を買った。2万5千分の一なので、2日間歩くと地図の外に出てしまった。

自転車で旅する人々と何度も話しているうちに自転車のハンドル中央に地図が設置してあることに気付いた。7／16にフランクさんのお宅に泊めてもらったときに自転車用の地図が置いてあった。フランクさんに「大きい書店に行けばある」と教えてもらって、翌日レーゲンス

日本でも買えるヨーロッパ国別地図

ブルグで書店を探し、店員さんにたずねるとコーナーに案内されて現物を見た。ヨーロッパ各地の自転車道の5万分の一の地図が細長い冊子状になっており、地図・宿泊設備・名所案内が掲載されている。ドイツ語で書かれているが、ルート・地名・ホテルやガストハウス、ペンション名はわかるのでドナウ河・ドナウエッシェンゲンから黒海までの5冊を購入した。(75・5ユーロ→10042円)雨に濡れてもいいようにコーティングされているすぐれものだった。それからは、格段に歩きやすくなった。

磁石は、直径4・5㎝、ルーペ付き、磁針に蛍光塗料付き(念のため、夜でも使えるように)を使用している。街へ入り通過して本来の道に出るために方角を知る必要がある。山間部や平野部で道が分れて、どちらに行ったらいいか判断するときは磁石と地図、太陽の位置の三つを総合的に判断して決めている。齢をとったので、地図の小さな字を見るのにルーペが必要になった。

ドイツで入手した自転車用地図

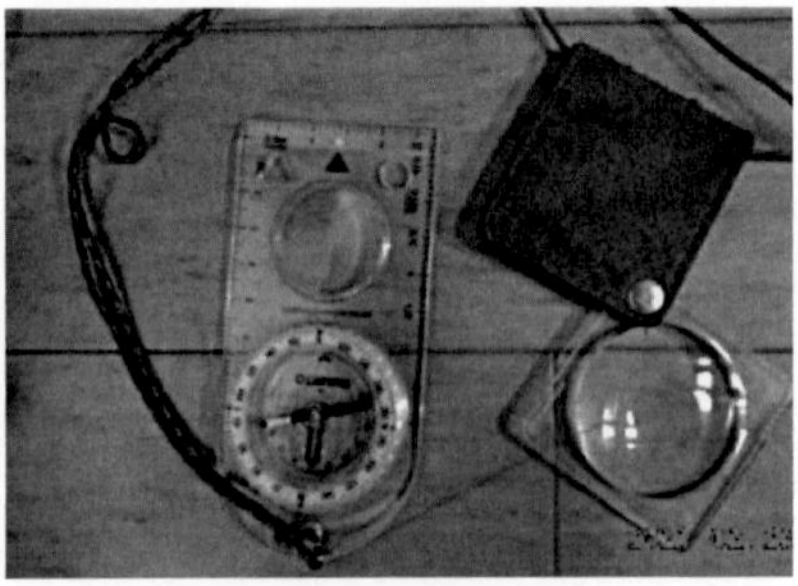
方位磁石とルーペ

マメと靴下

長距離を歩くと必ず足の裏に毎回マメができる。江戸や明治時代の人と違って毎日長い距離を歩かないので、足の裏が固まっていないからだ。２日目からマメができ始める。針をライターで加熱消毒し、マメに突き刺し、脱脂綿で液を絞り出す。メンソレタームを塗って紙バンを貼っておく。この処置で6～7日目になると、足の裏は堅くなる。今回ドナウ河を歩くときは、珍しく左足の第4指と小指の間の小指側にマメができて痛かった。しかし足裏ができ上がるともうマメはできない。時々二度目のマメができることもある。今回は、二度目があった。

これは、靴下がよじれているのに気がつかず歩いたためだ。靴下も足裏にきちんと密着する新しいものを履いたほうがよい。今年は、「足を引き締める」という広告に釣られて厚手の靴下を買ったが、とても履きにくい靴下で毎回苦労した。歳のせいか腰が曲がりにくくなったためだ。ウィーンで柔らかい厚手の靴下に買い換えた。

水と食事

国内外を問わず私は、山歩き時代も含めて『街道歩き』でも「水」がなくなることに恐怖感を持つ。２０１３年のスペイン南部は暑くて（連日40℃近い）水の乏しさに苦しんだ。今回も6月は５００ccペットボトル２本ですんだが、７、8月暑くなるとペットボトル３本1・５ℓを常に持った。とくに自分で決めるＴＳの時は、最低５００ccはあるように気をつけた。薬を飲むことと、次

YHの朝食

CS付属のレストランの食事

街のレストランの食事、左はピザ、右はとんかつ

ドイツ，おいしかったフランクフルト・ソーセージ

の日午前中に水が得られるとはかぎらないからだ。山間部は、谷水が飲めて補給できるが、平野部は、どこで店に出合うかまったくわからないため十分気をつけた（註：ヨーロッパの自然の水は硬水が多く、私は飲めるが、多くの人は、下痢になるため飲まない方がよい。なお、ヨーロッパには、自動販売機とコンビニがまったくないので十分気をつけること）。民家で水をもらったことが二回あった。

食事は、私は食べられたら何でもよいし、テント泊が多かったので基本は、スーパーマーケットに寄って3食分調達した。パン、ハム、オレンジ、ヨーグルト、水、時々お惣菜と菓子類を買った。レストランは歩いている途中で見つけた所に入った。街でホテル・ガストハウス・YHに宿泊すると朝食付きの所が多いので、夕食は、宿泊した所の一番近いレストランに行くことになる。

とは言っても海外ではレストランをあまり使っていない。ヨーロッパのレストランは、昼食・夕食ともに2時間はかかるからだ。昼間はできるだけ歩きたいので、調達した食料で済ませた。夕食も記録整理・ハガキを書く・スマホ送信・早く寝たい、の理由で時間が惜しい。レストランは、余裕があるとき、午後4時ぐらいに宿に着いて、まわりに食料を調達する店がない時のみ行った。多くの人は、旅での食事は大きな比重を占めると思う。

方向感覚とカン

歩く旅では、方向感覚とカンが必要である。まず、全行程通して、どの方向に行くのかきちんと認識する必要がある。今回のヨーロッパ横断では、スイスを出発してから東の方向に行くので、午前中は太陽に向かって歩いている。午後は後ろに太陽があることになる。もし午前中に太陽が後ろにあれば「おかしい」とすぐ気付く必要がある。

次に一日一日、今日の目的地は、どの方角にあるのかをしっかり自分で確認してから歩き始めることが大切だ。道は目的地まで直線ではない。一日単位では北の方向にあるいは南に歩くこともある。地図と方位磁石と太陽の位置で方角を定めて歩き始める。一番まちがえやすいのは、街中で店やレストランに入って買い物や食事を終えて出て来たときだ。外国の街は、見慣れた目標物のないことが多いので、入るときに意外とまわりを見ていない。出て来たとき「さて右へ行くのか、左に行くのか」一瞬迷う。とくに街中の角の店に入ったときは気をつけないと、90度方角が違ってしまうことがある。

歩いていて「おかしい」と思ったときは、まちがっていることが多い。私の場合、自分の影の位置で『カン』が働くことが多い。影が今まで自分の左にあったのに、右にあると「おかしい」と思う。歩いているときは、まわりをよく見ておくことが大切だ。すると、「アレッ？　今さっきと同じ風景だ」「あの看板、今さっき見た」などと気付くことが多い。

私は、18年間国内外の歩く旅で迷ったことは一度しかない。甲州街道を歩いたとき、大垂水峠が、街道だと思い込んでいた。下ると小原宿の標識が出てきて二つの宿場を飛ばしていた。やむをえず、電車で八王子まで引き返して歩き直すことにした。道をまちがえて1時間ぐらいのロスは何回かあるが、大体、5～10分で「おかしい」と気付く。すぐに元の場所まで戻って地図と方位磁石を出して、太陽の位置を見て修正する（迷ったら、確実に覚えている地点まで戻り、そこで歩く方向を決めるのがよい）。

歩いているとき

日本国内の歩く旅では、『無』になれる。日本縦断の時は、『無』の状態になるときが多かった。初めは「よい景色だなぁー」と思っているうちにまったく「何も考えない」状態になる。日常のことが完全になくなり、ただ自分の靴音だけが聞こえる状態になる。これは特異な体験だった。座禅の究極の状況なのかもしれない、と思った。

もう一つ、国内の旅では、父親として子育てについて自分の誤りに気付くことがあった。3～4歳の子どもと一緒に歩く両親の姿や、公園や河川敷で遊んでいる姿をみると「私もあんなふうに子どもに接してやればよかった」と深く反省し、時には、涙を流す。

ところが、ヨーロッパでは、『無』になれない。二度とここに来ることはないのだから「何でも見ておこう」という思いが強いのと、多くの人から声を掛けられ話すことが多いので、『無』にはなれないのだ。

妻と家族への便り

国内外を問わず、歩く旅に出ると、妻に毎日ハガキを出す。ヨーロッパ縦断の旅でも、その日の出来事をハガキ大の紙に書いて、1週間まとめて、パンフレット類や菓子などと一緒に小包にして航空便で送っていた（ハガキ大の紙は自宅で日付け・曜日・天気・気温・行程・距離・宿泊地・累計距離・国名を印刷して準備した）。毎日妻にハガキを書き、一日のコースや天気、距離などを小型ノートにまとめると「今日も終わった」と区切りがついた。航空便は普通2週間はかかる。それで妻と子ども二人にはガラ携で写真と文を3日に一度の割合で送信した。

遠野まごころネットにも署名・カンパをいただくたびに写真と文を送った（協賛してもらうときの約束だった。写真と文は、遠野まごころネットのＨＰに掲載され、国内・世界各国からボランティアに来た方々が閲覧され、コメントがヨーロッパを歩いていた私に転送されてきた）。帰国してＮＴＴの請求書を見てビックリ仰天！　通信費が14万余円もかかっていた。

今回もガラ携で行くつもりをしていたが、娘がスマートフォンのＬＩＮＥを使うと無料だ、と教えてくれ、一足先にスマホに変えていた妻もスマホにした方がいい、とすすめてくれた。通信費がかかりすぎる、とは思うが、新しいものに手を出すのはいやだった。しぶしぶスマホに変えた。今年、ドナウ河を歩く旅で使って見てスマホのＬＩＮＥは便利だった。写真もクリアに撮れ、帰国後家族から喜ばれた。ハガキ大の通信文も続け、2週間おきに送った。

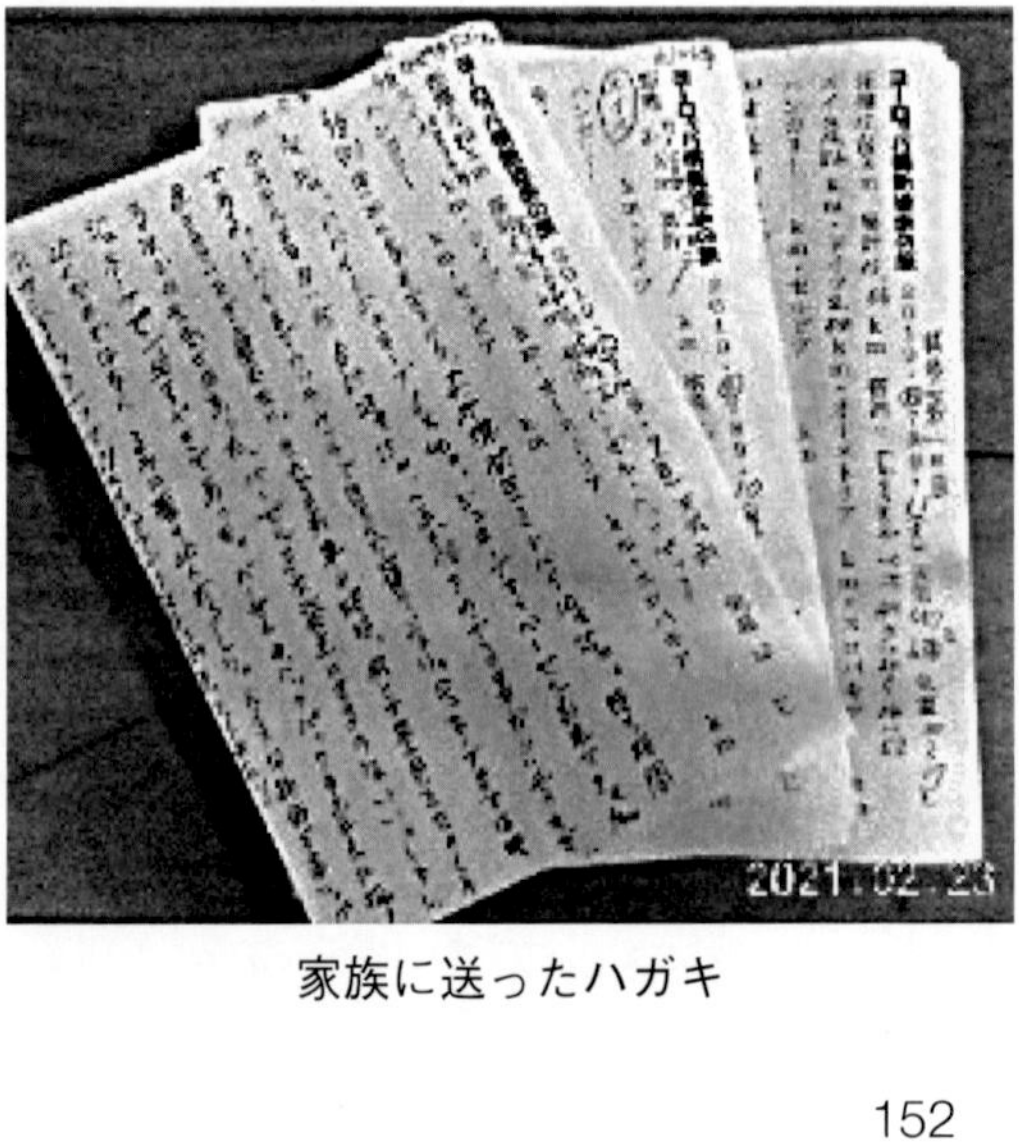
家族に送ったハガキ

自分で決めるＴＳは、電源がない。いつ充電できるかわからないので、撮影・送信の時以外は電源を切っていた。昼間、レストランやカフェに入ると必ず充電させてもらった。通信文を送るために郵便局を探すのもたいへんで、郵便局が見つかっても、郵便局員が全員英語を話せるわけではない。国によって郵便を出す仕組みや窓口の表示もちがっていて、出すのに一苦労だった。3時間かかったときもあった。送り出してくれた妻への感謝の気持ちもあり、必ず実行した（時差が8~9時間あるので、電話をするのは難しい）。

記録と写真

山歩きをしていた時代から、日付、曜日、天気、気温、行程、距離を必ず小型ノート（10・5㎝×14・5㎝）に記録している。この習慣は、大学で生態学教室に入り、野外活動の記録を取るように指導教官から指導された影響で、『歩く旅』でも同じことをしている。宿泊設備の名前と価格を記録することが追加された。この記録ノートとハガキ文、地図が文章を書くときや『街道歩き』のお話をするときの記憶を呼び覚ます材料になる。今は便利な時代だから自転車で旅行している人は小型パソコンを積んでおり、通信しているようだ。私も何度か撮影され、即送信していた。

　写真はガラ携とデジカメを併用していたが、2013年フランスでボタン操作をまちがえてデジカメの撮影データを全部消去してしまい、ガッカリしたことがある。帰国後、同伴者が知人に頼

記録ノート

んで、すべてを復元してもらうことができてホッとした。今回はスマホとデジカメの併用だが、スマホの写真の方がクリアな気がした。スマホの写真データをA４まで拡大してみて拡大に耐えられるのなら、今後はデジカメは必要ないだろう。スマホの写真保存のチップのギガ数を大きなものにしておくこと、デジカメの操作に習熟しておくことをおすすめする。ただし、『歩く旅』ではスマホ・デジカメともに海外では充電に苦労する。

テントの効用

日本縦断北上コース（日本海沿い）では、寝袋だけは持参したが、原則は宿に泊まることにしていた。しかし無人駅でコンクリートの上に寝袋だけで寝ると2～4月は、寒くて寝られなかった。荷物を軽くするあまりマットを持参しなかったことを後悔した。佐多岬から福井県まで旅館・ホテルがある街まで行くことができず、前夜泊まった街までバス・列車で引き返し、翌日また列車・バスで昨日の終了地点まで戻って歩き始めることが何回かあった。しかし、とてもわずらわしい。いったん帰宅して福井県からテントとマットを持参すると、寒くない、朝6時頃から出発できる、必ず街まで行く必要もなくなり、気持ちが楽になった。

ホテル・旅館のある所まで行けないのは、脚力に原因がある。２００８～２０１９年は1日平均、27～20㎞が歩行距離で、これでは宿泊設備のある街まではたどり着けない。一日40～50㎞（江戸時代の人は一日これくらい歩いた）歩ける人は、テントがなくても旅館・ホテルに泊まれる可能性が高い。ただし、日本の北海道北部、青森県津軽、下北半島、スペイン南部・フランス南部・ドイツのハンブルグ以北・スロヴァキアは、数十kmの区間、街がないのでテントは必需品となる。テントは本体とフライ（本体を覆う屋根）で1・4kgある。日本縦断の時、テントなしで荷が軽くても私は1日平均30〜40kmは歩けなかった。現在、私は9kg以下の重さで一日平均最長で20kmしか歩けない。それなら必要度の少ない装備をはずして、テントを持参した方がいつでも泊まれるので気が楽だ。もう一つ、私は山歩きの時代からテントに泊まるのが大好きだ。テントの空間は何とも言えない〝安らぎ〟を感じることができるからだ。

研ぎ澄まされる感覚

毎日歩き続けていると、「今日は、空気が乾いているな」「今日は空気が湿っているから明日は雨かもしれないな」と感じられるようになる。雨は、当たる確率が高い。今までの日常生活では考えられない感覚だ。人間が本来持っている動物としての感覚が蘇るのかもしれない。日常生活では万事鈍い私が、こういう感覚があったことに驚いた。『無』の状態で歩いていることが、感覚を研ぎ澄ませるのだろう。日本縦断、ヨーロッパ縦断、今回がそうだった。

人間が本来持っていた能力は、文明の進歩とともに少しずつ失われていったのだろう。たとえば、人間の生活で『火』は欠かせないものだ。ところが、２０００年代に野外生活で飯ごう炊飯をすると、マッチと新聞紙で火をおこせない青年が出てきた。今は、スイッチ一つでガスコンロに火がつくし、電燈もつく。電気ストーヴもつけられる。エアコンは冷風や温風が出る。私の子ども時代（１９５０年前後、昭和20年代）は、ご飯を炊くのも、お風呂をわかすのも、炭に火をつけたり、薪を燃やしていた。毎日のことなので、火をおこすことに子どもでも習熟していた。

天気予報

山を歩くときは、天候によって命にかかわるので、天気予報は必ず見たり聞いたりしていた。歩く旅は、雨でも歩く。テント泊のときだけ天気が気になる。一日目にテントが濡れて、二日目も雨になると寝袋が湿ってくるからだ。

ヨーロッパでは、天気予報は新聞の天気図をよく見ていた。天気図の記号は、世界共通なのでわかるからだ。西に大西洋があるので、ヨーロッパの天気も西から変化することが多い。ホテルに泊まったとき、テレビがあれば、気象ニュースだけ見る。言葉はわからなくても、天気図はわかるからだ。山歩きに比べて、街道歩きは、台風など大荒れの天気でないかぎり、あまり天気を気にせず歩けるのがよい。「街道歩き」をしていて、『雨』の良さを初めて知った。静かで落ち着くし、雨があるからこそ『晴れ』のすばらしい景色を見て感動できる。

時を告げる

シグマリンゲンSigmaringenから1時間歩くと教会が見えた。ドーム状の塔が珍しい。鐘楼かもしれない。ヨーロッパでは、今でも教会の鐘が、時刻を報じている。時刻の数だけ鐘が鳴る場合と、多く鳴る場合があり、一度数えてみたら102回も鳴った。5分くらい鳴り続けてかなりうるさく感じる。日本でも江戸時代は、お寺の鐘が時を告げていた。明治時代になると、東京では大砲の空砲を撃って正午を告げたという。戦後になると自治体のサイレンやチャイム、メロディが時を告げている。日本縦断をしたとき、地方の町や村は、「夕焼け小焼け」「ふるさと」「七つの子」や交響曲「新世界」のメロディを流していた。

褒め言葉など

今回のドナウ河の旅では多くの人々に、感心されたり、褒められた。自転車の旅の人は、振り向き、左手の親指を突き出して行く。Good Trip, Nice Trip, Amazing Trip, Good Journeyなどの褒め言葉があった。2人の男性と1人の女性からは、"I respect your trip."と言われた。1人、赤ちゃんを抱っこしていた30歳代のお父さんからは、"Crazy!"と言われたが、表情は、笑顔だったので「狂っていなければできないような壮大な旅」と思うことにした。

☆質問されることはほぼ決まっている。
どこの国から来たのか。
何歳か。
どこからどこまで行くのか
何日歩いているのか。

なぜ、歩いて旅をしているのか。
宿はどうしているのか。
この国（この近辺）で印象に残っているのはどんなことか。

☆声をかけた理由も話される
留学で日本の〇〇で暮らした。
仕事で日本の〇〇に何ヵ月・何年間滞在した。
日本へ観光で旅行した。
息子・娘が留学や仕事で日本へ行っている。
息子・娘が観光で日本へ行っている、行った。
息子・娘が日本へ留学したい、観光で行きたいと言っている。

一度だけ、ヨーロッパ縦断後半のとき、ドイツで「お金を持っているのか」と声をかけられた。どうも「放浪者」に見えたらしい。日本で仕事・留学・観光した体験のある人は、男性・女性、年齢を問わず日本に対して好印象を持っており、ツアーでない個人旅行した人はみんな「日本人は親切だった」と話されたが、地方の小さい町や村では英語が通じなくて困った、と話された人も複数いた。

シャワーとバスタブ

ヨーロッパの宿泊設備では、シャワーが基本だ。バスタブがあるのは高級ホテルだけだ。今年の宿泊は街に入って最初に見つけたホテルに行くので、シャワーのみのホテルになってしまう。最初の一ヵ月はシャワーだけでもよかったが、7月以後はさすがに疲れが取れなくて困った。スマホで調べるが、どうしても最初に目にとまったホテルに飛び込む。早く休みたい、という気持ちが勝ってしまう。ヨーロッパの気候は、湿度が低いのでベタベタしないからシャワーで十分事足りる。しかし、私は湯を張ったバスタブでユックリ手足を伸ばして疲れをほぐしたい。これも気候のちがいと生活文化のちがいなのだろう。

日本は小さい国ではない

私の小・中学生時代は、1949～1958（昭和24～33）年である。その時、先生が教えてくれたのは、「日本は小さい国だ」ということだった。先生が、どういう意味で小さい国と言ったのかわからないが、私は、「面積が小さい」と受け取った。海外旅行しても飛行機、鉄道、バスで移動するので「日本は面積が小さい国」という思いは変わらなかった。ところが、ヨーロッパを歩いて旅してみて「日本は面積が小さい国」というイメージが変わった。ポルトガルの大西洋岸から、スペイン国境まで420㎞、スイス・ジュネーヴからドイツ国境まで360㎞、オーストリアを東西に横断して420㎞である。日本縦断の佐多岬から宗谷岬まで3111㎞、日本横断でわりと幅広い糸魚川から掛川まで430㎞である。面積を改めて調べてみるとヨーロッパ39ヵ国で日本より広い面積の国は、フランス、スペイン、スウェーデンの3ヵ国しかない。ドイツは広いと思っていたが、日本より狭い。同じ島国のイギリスは24万㎢で日本の38万㎢より狭い。

日本が面積の小さい国、という印象を持ち続けたのは、山国で、人口が多く集落と集落の間が短い、というのが大きな原因のようだ。スペイン、フランス、ドイツを歩いていると、市町村の間の距離が長い。たとえば、ドイツ中部のケルンは大きい町だが、ケルン圏を通過すると次の町は見えない。日本では、北海道北部を除いて次の集落が見える場合が多い。とくに茨城県から大分県までの太平洋岸は集落が数珠繋ぎでほとんど途切れることがない。

国旗をつけて歩く

ヨーロッパを歩くとき、今歩いている国の国旗をザックにつけて歩く。その国に対する『友好』の印である。ヨーロッパ縦断前半でポルトガルの4日目、一緒に歩いていた塚口さんが、「三好さん、ポルトガルの国旗をつけて歩いたらどうやろう」という提案から始まった。確かに国旗をつけてから、ドライバー、とくに大型トラックの運転士さんからの反応が多かった。2014年は、サッカーのワールドカップがあったせ

オーストリア国旗

いか、スイス、ドイツの国旗をつけて歩いていると、たいへん反応が多かった。この2年間では、フランスの国旗が入手困難だったことと、デンマークの国旗はついに入手できなかった。

今年は、スイス、ドイツ、オーストリア、スロヴァキア、ハンガリーと5ヵ国の国旗をそれぞれの国でつけて歩いた。スイス、ドイツはすでに持っていたのですぐにつけられたが、あとの3ヵ国、とくにハンガリーの国旗は手に入れるのが難しかった。

「なぜ、国旗を着けているのか」という質問は、初めて今年ドイツでされた。「友好」の印と答えたが、よくよく考えてみると、国旗というものは、それぞれの国で思想を反映しているのかも知れない。日本では、『日の丸』＝右翼思想と捉えられる面がある。

スロバキア国旗

道はいろいろ

歩く道は、国道・州道を除くといろいろである。

1　川沿いの地道は歩きやすく、景色もよく、私が一番好きな道である。

2　トラクター（またはトラック）が通る農耕用の道。かなりの回数通行していることは、草が生えていない轍の状態でわかる。

3　自転車道。ほとんど舗装されている。ただ、国の経済力を反映しているのか、スロヴァキア

堤防の上、地道

右から歩道、自転車道、車道の区別

堤防の上、舗装

砕石を敷いた自転車道

地元の人も歩く地道

は4日間、砕石を敷いた自転車道が多かった。

4　地元の人が毎日歩く散歩道。草が生えていないので、土の部分がハッキリ見える。あまり使われていない散歩道は、草が生えているので、早朝だと露で靴やズボンの裾が濡れる。

5　車も通る幅の広い地道。

私は、舗装された道よりも、地道の方が好きだ。キャラバンシューズで歩くと舗装された道は、膝に負担がかかるからだ。「道は、人が歩いてできる」と昔の人が言ったがその通りだ。川沿いの地元の人が歩く散歩道は、けっこう長い距離で、集落がなくなると、散歩道も消える。岸が崖状になっている所は迂回する道がついている。数m幅の小川が合流する所は少し上流に橋がある。一度だけ小川にぶつかって上流へ行く道もないので元に引き返し集落の道を進んだことがあった。よく踏まれた道だったので大丈夫、と思ったが違っていた。牧草地内を歩くこともあったが、歩きにくい。

日本と一番ちがう点は、トンネルの中を歩くことがほぼなかった。2013年に車道と歩道の別々の50mくらいのトンネルを歩いたのと今年、元軽便鉄道線路跡を道にした短いトンネルを歩いたのと2回だけだ。

自転車道、舗装

水に流す

ドナウ河に沿って歩いていてフッと思った。日本では「なかったことにする」「今までの行きがかりを捨て元通りにする」ことを〝水に流す〟と言う。日本の川は、流れが激しいので川に物を捨ててもすみやかに流れ去って見えなくなる。このことからこのことわざはできた、と思う。ヨーロッパの大河を見ているとゆっくり流れ、所によっては、流れているかどうかわからない。だから〝水に流す〟というわけには行かない。それどころかいつまでも見え続ける。自然地理の状態によって人の暮らしや考え方は違って来る。

見分けられない

今回、通過したスイス、ドイツ、オーストリア、スロヴァキア、ハンガリーの5ヵ国を含め28ヵ国の人と話をした。

アジア、アフリカ、欧米と大きく三つには判別できるのだが、欧米の人はどこの国の人なのかまったくわからない。話してみて、英語圏の人か、他の言語の人かがわかる程度である。これは、英語を母語とする人と英語が第二外国語である人は、聞いていて明らかにちがうからだ。イギリス人の話す英語とたとえばドイツ人の話す英語はちがう。奇妙な話だがドイツ人の話す英語の方が私にはわかりやすい。イギリス人やアメリカ人の話す英語は、流暢すぎて（当たり前の話だが）わかりにくい。相手がドイツ人、フランス人、オランダ人と名乗ってくれて初めてわかる。おもしろいことに、相手も私のことを初めから日本人と認識できる人は少ない。中国人、韓国人、台湾人、ベトナム人と言われることが多い。ヨーロッパの人から見るとアジアの人は判別しにくいようだ。

国境

日本で暮らしていてわかりにくいことの一つが『国境』だ。日本は海に囲まれているので国境は海の上にある。ヨーロッパを歩く旅をして一番興味を持った一つが、陸地を歩いて越える『国境』だ。

1　ユーゴスラヴィア・ブルガリア国境

１９８４年、友人と二人でヴェネツィアからイスタンブールまでオリエント・エクスプレスに乗って旅をした。ブルガリアの国境の駅に深夜到着した。すると、駅から自動小銃を持った兵士が駆けて来て、12輌編成各車両の前と屋根の上に一人ずつ配置、いつでも射撃できる姿勢で見張りに立った。そのものものしさに仰天した。やがて二人一組の国境係官がパスポート検査に来た。入念にパスポートの写真と本人を見比べる。さらに東京で取得した通過ビザを点検した。ようやくパスポートが戻されホッとした。通過ビザが必要なのは『地球の歩き方』を読んで知っていたので、東京のブルガリア大使館で申請し、取得していた。申請と受け取りで東京を2往復したが、取っておいてよかった。駅舎に向かって何人かの人が係官に付き添われて連行されて行った。あの時の緊張感は今でも忘れられない。

2　中国・パキスタン国境

1997年、同じ友人と中国・カシュガルから国際バスでクンジュラブ峠（標高4200m）を越え、パキスタンに入国したときの国境も印象深い。カラコルム山脈を横断する山岳地帯の国境だった。中国の国境検問所を通過すると200mくらい前方にパキスタンの検問所がある。左右に白銀の高山が見え、風にはためくパキスタン国旗が見えた。この時初めて「国旗とは、こんなに美しいものか」と思った。

パキスタンに入国して5分も経たないうちに、男性の乗客の多くが窓を開け、大きな白い布の袋を次から次へと道路に落とし始めた。よく見ていると、後ろから小型のオンボロトラックが付いて来て、投げられた袋を荷台に積み込んでいる。どうやらカシュガルで仕入れた品物を密輸入し、トラックが回収しているようだ。しかし、なぜここでするのかな、思っていたら謎が解けた。この後、警察の検問所が5ヵ所も出てきた。どうやら、国境の係官とバス運転手は黙認していたようだ。

中国・パキスタン国境（1997年）

3　ポルトガル・スペイン国境

2013年、知人の塚口肇さんとヨーロッパ縦断の歩く旅に出掛け、初めて歩いて国境を越えた。だだっ広い平原を真っすぐに走る国道にEUの旗の大きな金属の看板の真ん中にESPAÑAと表記した国境標識が立っており、振り返るとポルトガル側は、単にPORTUGALと表記した金属の看板が立っていた。EU加盟国は、シェンゲン協定に加盟していると、パスポートの検閲なしに自由に往来できるようになった。だから、国境検問はなくなり、スペインの入国スタンプは押してもらえなかった。抜けるような青空の下で休憩し、たばこを吸った。何もないのに、塚口さんに頼んで1時間ばかり休憩した。

ポルトガル・スペイン国境（2013年）

4　ドイツ・オーストリア国境

今回は、ドイツとオーストリアの国境だ。

国境は、とくに何があるわけではないし風景が変わるわけでもない。しかし、歩く旅では、一つの大きな区切りになる。「ここまでやって来た」と歩いた距離を実感できるからだ。ヨーロッパ大陸は平野部が多いので、歩く目安になるものがほとんどない。州境や市境はあるが、文字が読めないのでわからない。だから国境が目安になる。日本では、かつて登った山や知っている川、城、寺があるので、距離感がつかめた。ドイツ側とオーストリア側を各一枚撮れば十分なのに、国境では、いつも何枚も撮ってしまう。ベンチのかわりにザックに座り一服する。旨い!!

こうして歩いて国境を越える体験をすると、なぜユーラシア大陸で騎馬民族が強かったのか、民族の移動や戦争が起こり民族の興亡の歴史が繰り返されたのか納得できる。1時間ほどゆっくり過ごした。

オーストリア国境標石

オーストリア・ドイツ国境
(中央の建物の方がオーストリア領)

「歩く旅」を始めるには

57歳以上の『歩く旅』をゼロから始めようとする人を対象にして書いている。定年退職まで3年間あればそれなりに準備ができると考えたからだ。私も退職3年前から、定年退職後、どのように過ごすかを真剣に考えた。、『歩く旅』を始めるために自分の経験を記そう、と思った直接のきっかけは、2015年に中山道を歩いていた本庄宿と熊谷宿の間で70歳代の男性から声が掛かったことである。私が、コンビニから出て来るのを待っておられ、「あんたのザックのプレートを見て声を掛けた。実は、持病があり、医者にすすめられて自転車に乗っていたが、医者に、自転車はそろそろ危ないので、歩くことをした方がよいと言われた。どういう風に『歩く旅』をしているのか教えてほしい」と言われ、30分くらい話したことだ。

[一] 歩く、基礎編

1 人間は歩く動物である。

人間は、300万年前、二足歩行になった。私は、1958（昭和33）年に中学校を卒業したが、日常生活はほとんど「歩く」ことが普通であった。遠足は文字通り歩いて行った。バス、蒸気機関車の引く汽車に乗ることは年に1~2回だけで、私の子ども時代は「歩く」ことが移動の基本だった。ところが、1964年に新幹線が開通し、1970年代にマイカーの時代の到来とともに日本人の日常生活から「歩く」ことが激減した。都市では路線バスが発達し、買い物もバスに乗る、マイカーや自転車に乗ることが当たり前になった。自転車は1950年代、私の住む街では、役場、交番、お医者さん、旅館の4台しかない貴重な乗り物だった。私たちは「歩く」ことから遠ざかってしまった。

人間本来の「歩く」能力を回復しないといけない、と自然回帰が主張され、ウォーキングや散歩する人が増えた。とくに高齢者は、足が弱ると「老い」や「認知症が進む」と指摘され定年退職後歩く人は増えてきたが、河川敷や公園を歩くのがほとんどである。

2 まず、歩いてみよう

①天気のよい日に履き慣れた靴で1時間連続して歩いてみる。

ふだん歩いている時間よりも長く歩いてみる。近年、腕を振って歩く人が多いが、荷物を何kgかを担ぐと腕は振れない。その日にマメができたり、ふくらはぎがつったり、2、3日後に腰が痛かったり、太腿が痛くなったりすれば、その症状が出なくなるまで一定期間、1時間連続して歩いてみる(ただし、日をおいて歩くと、マメは歩くたびにできる。私たちは江戸・明治時代の人々とちがい、歩くことが日常生活の中に定着していないので)。個人差があるので、何日何ヵ月続けたらいい、と言えない。まだ、働いている人は、バス停4つ分歩くと、1km前後、行き帰りで2kmになる。JRは駅と駅の間隔がおよそ4km、1駅分歩くと往復8km、私鉄は短めなので地図で測ってみるとよい（1時間で3～4km歩く）。せっかく歩くのなら、気持ちのよい道がいい。近年は、各自治体が住民や高齢者の健康増進に向けてウォーキングコースを選定し、道標も設置してあるので役場、市役所、観光協会に問い合わせてみるといい。

②午前中（午後でもいい）通しで歩く

①で太腿も大丈夫、となれば、ナップサックに水筒、折りたたみ傘、タオル、お菓子などを入れて、50分歩いて10分休憩を3回繰り返す。これで3時間歩いたことになる。その日、マメができていないか、ふくらはぎがつらないか、2、3日後に太腿、腰が痛くならないかをみる。一定期間、午前か午後歩く（3時間で9～12km歩く）。

なお、足の裏がだるい、痛いときは風呂に入り、一晩寝ると直ることが多い。入浴後ワセリンかメンソレータムを足の裏に塗ると効果があった。

②の段階に来ると服装を考え、万歩計を用意する。私の場合は次のようにしている。

服装

季節によって服装を変えるのは、日本ではごく普通のことである。夏（6、7、8月）は、歩くのに適さないので（ただし、北海道は好シーズン）、春・秋と冬の服装について述べる。個人差があるから、自分に合った服装にする。

春・秋　帽子、偏光サングラス、薄い長袖のスポーツシャツ、Tシャツ、綿長ズボン、夏用の薄いステテコ、薄い夏用靴下、厚い毛糸の靴下、ティッシュ、タオル、飲み薬（持病のある人のみ錠剤・粉薬）、軍手

冬　帽子、マスク、ヤッケ、マフラー（上の三つは気温により着脱）、毛の長袖セーター、厚手の長袖スポーツシャツ、Tシャツ、冬用厚い綿長ズボン、夏用薄いステテコ、厚い冬用靴下、厚い毛糸の靴下、ティッシュ、タオル、飲み薬（持病のある人のみ錠剤・粉薬）、毛糸の手袋

※**運動用のジャージ上下は絶対に避けてほしい**。ジャージは動きやすい利点はあるが、雨に濡れると、体温を奪われ、足にピタッとくっついて歩きにくいし、乾きにくいという短所がある。

※Tシャツは、水洗いしても、すぐ乾く（速乾性の）ものを奨める。

※靴についてはあとで述べる。

万歩計

歩幅を設定する。5、6歩歩いた後に他の人に測ってもらう。私は身長159㎝で歩幅は60㎝に設定。身長の高い人、脚の長い人は歩幅が広くなる。長距離の歩く旅に出たとき、一日4万歩歩いたとする。歩幅60㎝なら24㎞歩いたことになる。初めの頃は歩幅50㎝に設定していたが、地図上の距離と合わないことがわかり修正した。10㎝のちがいが4㎞のちがいとして出てくる。いろいろの機能が付いているが、あとは好みで設定する。

③一日歩いてみる。

午前、50分歩き10分休憩を三回、1時間昼食休憩、午後、50分歩き10分休憩を3回。これで6時間歩いたことになる（6時間　18km〜24km　参考JR大阪駅〜JR茨木駅間約16km）。

一日歩くのは、現職の場合は、月1回くらい歩き、退職した人は、歩いたあとの疲れ具合をみながら、何日か間隔をあけて歩いた方がよい。無理はしないことだ。

④雨や風の吹く日に歩いてみる。

朝、雨が降っていたら歩かないと決めている人はしなくてよいが、日本の天気は朝晴れていても途中から雨が降り出すことが多い。

○普通の長い傘で歩いてみる

○折りたたみ傘で歩いてみる

○雨具のみ着けて歩いてみる。

この三つの方法で、自分が一番いいと思うものを仮に決めておく。

⑤夜歩いてみる。

原則として夜歩くのは危険なのでやめた方がよい。しかし、さまざまな状況の下で夜歩かざるを得ないときもある。たとえば道に迷った、今夜の宿を予約している場合である。日本縦断で3回、

ヨーロッパで2回あった。すべて宿舎の関係だった。夜に歩くと、
ア　足下が見えにくい（ヘッドランプを点けていても）
イ　自動車や自転車などのライトが眩しい
ウ　道路の行き先の表示板が見えにくい（京都　26kmなど書いた青い表示板）
エ　目標物がきわめて見つけにくい（旅館の「こちらという矢印」など）
オ　太陽が沈んでいるので方角がわかりにくくなる。

③、④、⑤の段階になると装備が必要になってくる。一日歩くということは、ハイキングをするのと同じである。

3　装備

①靴

『歩く旅』をするとき、靴はきわめて重要である。1時間歩く、午前（または午後）歩く段階では、家にあった運動靴で十分だが、一日歩くことを繰り返しやるときに靴を選ぶ必要がある。靴が合わないとマメが何回もできたり、足の裏が痛くなったりする。靴の種類は次の三つ。

○日常に使う普通の運動靴
○ウォーキングシューズ
○キャラバンシューズ

個人の好みや使いやすさを各自が試して、自分に合う靴を見つけてほしい。私の経験では、運動靴は、100km以上歩くときは、底が薄いので足の裏全体が痛くなる。踏み降ろしたときに衝撃が体全体に響き、疲れがひどい。雨の日は、濡れてマメができやすい。ウォーキングシューズは自分に合ったものが見つからず、軽いのは長所だが、マメが何回もできて痛かった。結局山歩きで使い続けたキャラバンシューズを18年間愛用している。重いが、雨に強く、足首を保護し、足の裏が痛くならない長所がある。ただし、一足の靴で600~800km歩くと買い替える必要がある。私は使ったことがないのだが、バスケットシューズも底が厚いので使えるかもしれない。

②雨具

ア　上下に分かれたもの（上着とズボン）とザックカバー

イ　ポンチョと雨具の下のズボン（ザックカバーは不要）

の二つの方法がある。ポンチョは、ザックを担いだままスッポリ頭から被る雨具で、風通しがよく蒸れない長所がある。

アは、ザックの背中が濡れる弱点があり、イは、ザックを担ぐとポンチョが着にくい、ポンチョを先に着るとザックが担ぎにくい。二人で旅するときは、互いに助け合えるので着やすい。

雨具は、高価だが、ぜひゴアテックスの製品を購入されることを奨める。防水に強く、通気性にも優れている。ポンチョとザックカバーはどんな素材でも大差ないので、登山用品店で売っているものを購入するとよい。くれぐれも、コンビニで売っているような透明なビニール製雨具を使用しないこと。歩きにくく、破れやすく、通気性がまったくなく蒸れて暑い。靴と雨具は、『歩く旅』では、もっとも重要な装備で、高価なのでびっくりされるかもしれないが、よいものを購入されることをすすめる（山歩きでは、命にかかわる）。

③地図を入手しよう

初めて地図を見ながら歩く場合は、皆さんの住んでおられる市町村の地図を買って、使うことを奨める。（関西では、昭文社という会社の発行が多い）1枚の広い地図の場合と、冊子型の場合があるが、一長一短である。私は、全体が見渡せる1枚型の方を使っている。

『歩く旅』の場合は、部分ではなく、広く見渡せる方がいい。たとえば、山形県で道路標示板に直進「酒田」右折「鶴岡」と出た場合、どちらに行く方が自分の目的にかなうのか、と判断するときに、広い範囲が見渡せる地図でないとわからないことがあるからだ。

地図の記号

地図には、略記号が書かれているので、どの記号が何を表しているかを知っておく。

地図に赤線を記入

さて、市町村地図を見て、今日は、どこまで歩くかを設定し、赤のサインペンで道筋を記入しておく。地図を見ながら、目標物を見つける練習をする。市役所・町村役場・消防署・警察署・交番・駐在所・郵便局・公共の建物・ＪＲの駅・私鉄の駅・バス停・銀行・神社・寺院などが歩くときの目印になって、とても役立つ。川や橋、線路も目標になる。地図には記載されていないが、国道・県道の道路に付属する行き先または距離表示板（青色）、観光名所表示板（白地が多い）、旅館の看板類も有効だ。歩く練習をしているときこそ、気持ちに余裕があるので、いろいろな物を早く見つける練習をしておく必要があるのだ。現場で見るときは、広い範囲を見てほしい。部分にこだわるとかえって目標物を見逃すことになる。

縮尺　地図には縮尺が付いている。地図上の1cmが実際の何m、何kmかを表している。たとえば、私の住む茨木市の地図は12000分の一である。地図上の1cmが、実際の120mになる。実際に体験してみると、歩くときに、地図を見ながら、「今日は体調がいいから、あそこまで行こう」「明日は雨の予報だから、あそこまでにしよう」など判断できるようになる。

近隣の町

さらにすすんで、この道は近隣の何という市町村に行くのか、わかるようになってほしい。たとえば、私の住む大阪府茨木市の近隣は、高槻・箕面・吹田・摂津・寝屋川・枚方などがある。この道は、吹田に行くのか、枚方に行くのか、もし判断を誤れば、まったくの逆方向に行ってしまうことになる。

地図帳に親しむ

家では、中学生が使っている地図帳を広げ、県の位置関係や県内の大きい都市名を知っておく。

試しに47都道府県の県庁所在地を思い浮かべてみる。
私の場合、中学校の社会科の教師をしており、山歩きも40年ほどしていたので、道路標示板を見ると、自分の歩いて行く方向が即座にわかった。だが、普段、地理や地形に無関係の仕事をしておられたら県や市町村の位置関係がわかりにくいと思う。たとえば、九州の熊本を出て福岡をめざすとき、大牟田・鳥栖・佐賀の位置関係が頭の中でおわかりになるだろうか。この三都市のうち、どの市を通過したら、短い距離で福岡に行けるかを判断する必要がある。

目的を持って一日掛けて歩く場合の工夫

ア　市町村史（誌）が発行されていると、付属してその自治体を走る旧街道について述べた冊子が出版されている場合がある。私の住む茨木市では18本の旧街道を述べた冊子が教育委員会から発行されている。普段は、この旧街道を歩いている。市役所、役場、教育委員会に問い合わせるとわかる。

イ　ハイキングコースを載せた本を購入し、読んで気にいった所を歩く（低山や丘ではなく、なるべく平地のコース）

ウ　興味がある道を歩く。自分が住んでいる市町村の神社寺院、歴史遺跡、伝承・民話、植物を見ながら歩くなど

④方位磁石を購入する。

大きくて、念のために夜も使える蛍光塗料を塗った磁針を持つ、8～10㎝のものさしが付いた方位磁石を買う。

物差しは、地図にあてて長さを測り目的地まであと何kmあるかを知るためである。

4　歩くときの留意点

①信号を守る

一日を歩く場合、さまざまな道路状況に出会う。信号を守って横断することが、まず基本になる。とりわけ押しボタン信号の所は必ず押して、青になってから渡る習慣を付けてほしい。地方に行くと車はけっこうスピードを出して走っており、「まぁ、あれだけ離れているから大丈夫」という判断は危険だ。思った以上に短い時間で車が接近する。また歳を取ると身のこなしが軽やかには動かない。とくに北海道とヨーロッパは、70km／h以上のスピードを出している車が多いから、命の危険に晒される。地方では、車が少ないので、信号があっても横から車が飛び出してくることもあった。

②歩道を歩く

市、県、国道には、歩道が付いている。だが、進行方向に向かって常に同じ側にはない。つけ変わるとき、大体、横断歩道があるので、そこを渡ること。面倒くさいといって車道を歩いたり横断したりするのは事故の元になる。

③方向感覚を磨く

進むべき道が常に同じ方角とはかぎらない。軽い荷物で歩く練習をしているときこそ、気持ちに余裕があるので、方位磁石を持参し、日がさしているときは自分の影を見て、今、自分はどの方向に歩いているのか、確認する練習をしておくと役立つ（季節によって影のさす方向が少し異なる。一日では太陽は、南よりに東から西へ動くので、東が目的地なら、自分の体の左側に影ができる）。

日本縦断をしたときは、宗谷岬をめざしたから、基本的には、「北」の方向へ進めばよいが、中国地方と近畿地方は、基本は「東」の方向に歩く。部分では、西に向かったり、南に向かうこともある。たとえば、城崎温泉から舞鶴に進むときは、８㎞も南下した。木の枝振りからも方向はわかる。例えば、東北地方は冬の季節風が強いので、海岸の木の枝は東に張り出している。万が一、夜になり、懐中電灯の電池が切れた場合は北極星が目印になる。

雨、風の日は地図が広げられない。方向感覚を磨く理由は、実際に長距離を歩くとわかるが、磁石を取り出したり、地図を開いて現在地を確認するのは面倒なものである。雨、風の日は、地図を広げることすら困難で、都合よく屋根のある所に来るとはかぎらない。今歩いている方向が自分のめざしている目的地・市町村に向かっている確信がいる。１時間歩いて、まちがっていたことに気づき、引き返すのは、体力と気力を消耗する。私も日本縦断で３回まちがえて、１時間ほど引き返したことがあった。

5　荷物を担いで歩く

2の①から⑤は、弁当、水筒、雨具、お菓子、地図を持ったくらいで軽い。次は宿泊を伴う装備を詰めたザックを担いで歩いてみる（装備一覧は、別掲）。20㎞から30㎞（健脚な人は40㎞でもよい）を歩いてみる。休憩は適宜取る。あまり休みすぎると、かえって疲れる。水分は随時補給する。5月中旬以後9月前半まではしっかり水分を取る。競争ではないので、ゆっくり、ノンビリ歩く。歌を歌っても息切れしない程度の速さがよい。いろいろな物が見える余裕があるか、地図を広げて見ることができているか、進行方向の方角がわかっているか、を試してほしい。

以上のことを一定期間実行すれば、歩くことに少しは慣れてくると思う。脚力は個人差があるが、太ももや腰が痛くない状態になれば、次の具体編に進むとよい。

［二］『歩く旅』具体編

1、家族、とくに妻の理解と協力

一日単位で動き出すと、奥さんや子どもたちにも自分の「やっていること」が見えて来る。できたら、早い時期に「『歩く旅』をしたい」と話して、協力を求める。とくに妻の理解・協力を得ることが必要である。もちろん、妻と一緒に歩けたら一番よい。私の場合、日本縦断北上、南下コースで3泊4日を5回妻と一緒に歩き、茨木市内の街道を2回歩いた。実際に中山道では、夫婦で歩いておられる3組の方に出会った。しかし、自分の趣味に妻を無理に引き込むことは避ける。自分のやりたいことを実現するためには、日頃の行いが大切で、今からでも遅くない。妻や家族を大切にすることをおすすめする。私はよい夫ではなかったし、よい父親でもなかった。ただ一つ、40年間、妻や家族と年一回は家族旅行をした。とくに妻が定年退職してからは、妻と一緒に車中泊で妻が行きたいところへ旅した。日本縦断北上コース、南下コースのとき何人かの男性と話したが「よう奥さんが反対しなかったなぁ」「自分も行きたいが妻が反対する」「四国八十八ヵ所巡りをしたいが、危ない、と言うので、今だに出かけられない」という声を聞いた。

妻から日本縦断中に電話やメールで何度も適切な助言をもらった。毎日、妻宛にハガキを出した。娘がそのハガキを読んで「お父さんの文章には、お母さんへの愛がこもっていない」と言われ反省した。記録文なので自分のために出しているようなものだった。妻への配慮はまったくなかった。息子と娘には北海道のマンションに泊めてもらう、靴を修理に出して受け取りに行く、青森のホテルに靴を送ってもらう、北海道から大阪までの航空券を取ってもらうなどの協力をしてもらった。今年のドナウ河の旅では、娘にブダペストのＹＨの予約をしてもらった。

2　まず、2泊3日の『歩く旅』に出てみる。

ア　実は、マメができ、足の裏が痛くなり、太ももがだるい、痛いという症状は2日目から出ることが多いので、最初は2泊3日の『歩く旅』をすすめる。

イ　自分の興味や関心がある道を選ぶ。私は歴史に興味を持ち、関心があるので江戸時代の旧街道、茨木市では西国街道や奈良県から大阪府に向かう竹之内街道などを歩いた。

ウ　近頃は、大きい書店に行くと『○○を歩く』という本が多く出版されているので一冊購入し、参考にされるとよい。

エ　コース選定の参考になる本として『日本の街道ハンドブック新版』（竹内誠監修、三省堂２０１５年第2刷、１９９３年初版）を紹介しておく。

3　宿泊を伴う『歩く旅』の装備一覧（別項）

4　ザック

歩く旅にどのようなザックが便利なのかは人それぞれだと思う。現在は、縦型全盛時代だ。登山には、重心が上にいき、歩きやすく、安定感があっていいのだが、『歩く旅』には、向かない。歩くときには、水筒、昼食、飴、地図、雨具くらいしか出し入れしないからだ。縦型は、すばやく目的のものを出し入れするには不便だ。雨が降ったり、風が吹くと雨具がサッと取り出せるようにしたい。1960年代に使ったキスリングのように左右に大きいポケットがついているものが便利だが重い。横型で左右、上、後にポケットがある方が便利だ。歩く旅を始めたとき、横型を探したが入手するのに苦労した。なかなか見つからないので諦めて縦型を買おうとしたとき、ふと「子ども用」のプレートが目にとまった。行ってみると、横型があった。以後、歩く旅の18年間私は横型ザックを愛用していて、今は二代目になる。

5　安全に歩くために

分離歩道

分離歩道とは、15～20cmくらい車道より高くしてある歩道またはコンクリートブロック・ガードレールで分けてくれている歩道のことをいう。日本縦断北上コースでは一桁の主要幹線国道（5、7、8、9号）でも全線分離歩道はない。道・府・県道にいたっては、道路に白線が幅30から60cm幅に引いてあるだけの所がほとんどである。つまり、現代の道路は主に車が走るために造ってあり、人間が「歩く」という想定では造られていない。ヨーロッパでは国道、州道に長距離の歩道がついている場合が多い。

トンネルが多い

山が多い日本の道路の特徴である。京都府と福井県県境の青葉トンネル、新潟県親知らずの覆道、北海道の日本海側のトンネルには十分気をつけてほしい。1955（昭和30）年以前のトンネルには歩道がほとんどないし、照明も暗いので、特別な安全対策が必要だ（ヨーロッパではトンネルを歩くことはほとんどない）。

安全対策として、私は次のようにしている（トンネル内対策が多い）。

①まず、蛍光テープをリュックの後ろと背負うベルト2本につけた。

②自転車の反射板2個をリュックの雨よけ蓋に付けた。

③トンネル内では、懐中電灯を帽子の上に必ず点灯した（手に持つのは危険だ。とっさの場合に手が使えない）。
④トンネル内と夜は工事用点滅燈付きの蛍光網ベストを着た（ヨーロッパでは不要）。
読者の皆さんもそれぞれ工夫してほしい。

徐行してくれない

「歩く」には、登山とはちがった安全面の工夫がいる。ある意味で車に対して目立つ必要がある。車社会なので、運転者は、歩いている人を「人間」として認識してくれない。日本縦断をしたときに痛感した。車で走っていると、人を「じゃま物」として認識されるのだ。例外が一、二あったが、車に乗っている人は、歩行者にほとんど関心を示さない。人に対して、徐行・速度を落とす、ということは、ごくごく希なことだ。雨の日に歩くとそのことがよくわかる。上から滝のように水をあびることがしばしばあった（雨の日は、立ち止まって、背中を走行車線に向ける）。どちらかというと普通車よりも大型トラックの方が親切だった。
ヨーロッパは、日本とはまったくちがう。大型、小型トラックはほとんどが歩行者を見ると徐行してくれた。これは、想像だが、運転士も自転車旅行をしているので、歩行者や自転車旅行のことを理解しているのではないだろうか。普通車は日本と同じで徐行してくれない。追い越しを掛けてくる車すらある。

6　靴

基礎編で自分にあった靴を購入したら、「まとまった距離を歩く」で実際に使用して、ある程度足に馴染ませることだ。新品のままで長距離を歩くとマメができる。

7　傘を使うかどうか

ザックを担いで雨の日も一回くらい歩いてみる。このとき、基礎編で述べたように、傘をさして歩けるかどうかを試してみる。私は、重さを軽くするためと一日8時間も傘をさして歩けないことがわかっていたので、雨具だけにした。傘は、蒸れないという利点はあるが、激しい雨や風のときはまったく役に立たない（ただし、テントを使う人は、傘のあるほうが、雨の日には便利だ）。

☆2泊3日を歩いてみて足が痛くなるようなら、2泊3日の旅を繰り返す。痛いが歩ける状態まで練習することをおすすめする。

8　泊数を増やす。

いよいよ長距離の旅（200㎞以上）に出掛ける前のテストケースとして、3泊〜5泊ぐらいの小さな歩く旅に出てみる。距離にして60〜100㎞に挑戦するのだ。多くの方々は、1日だけなら30㎞、40㎞、は歩けると思う。しかし、「日本縦断」「ヨーロッパ縦断や横断」は90日間、130日間の長期間を連続して歩くのだから、1日40㎞歩けたからといって、90日間を毎日30㎞、40㎞歩くことは難しい。

せっかくの歩く旅だから、自分の住んでいる町の近くに、興味関心のあるものはないか、調べて見学しながら楽しく歩くのがいい。

①もっとも大切なのは、おもしろいと思えるかどうか
②50㎞以上の距離感覚を掴む
③マメができる、できない
④靴はどうか
⑤荷物を担いでいて、前を向いて歩ける重さか
⑥目標物が見つけられるか（駅・学校・神社など）、地図が読めているか
⑦方向感覚はどうか

などを知るために『歩く旅』をしてみる。

泊数が増えると宿泊設備をどうするかを考える必要が出てくる。

○宿泊設備

私は、山歩きをしていた時代から山小屋よりテント泊の方が大好きで『街道歩き』でもよく使用する。ヨーロッパでも同じだ。日本縦断北上では、山陰、北陸、東北、北海道は宿がないことが予

想されたので、テント・駅舎・バス停に泊まることも併用した（縦断で出会った人の中には、駅泊やテント泊はとても無理だ、と言う人もいた）。

A・宿

自分の好みと経済力を考えて3～5泊を旅館・ホテル・公共の宿・YHなどいろいろ試してみる。私はビジネスホテルを多く使った。

①その日午後3時頃までに電話をしたら、ほぼ泊まれる（金、土は満室の場合がある。駅から遠いと空室があることが多い）
②駅周辺にあり、見つけやすい
③低価格
④レストランが付属していることが多い
⑤朝早く出発できる
⑥清潔
⑦風呂にすぐ入れる
⑧静かに寝られる

という利点がある。ただし、旅の情緒はまったくない。

日本縦断では、旅館は、午後2時頃までに電話すると泊まれた。温泉がある旅館は海岸沿いの場合もあるが、海岸線から2～4㎞山手に入ることが多かった。

旅館は7時半朝食、8時出発になり、早く出られない。

日本縦断で民宿には、とまどった。一人だ、と言うと断わられたり、季節民宿が多い。うまく当たれば、民宿ほど「旅」を感じさせる宿泊設備は他にはない。ドイツのハンブルク以北は季節限定ホテルが多く、8月27日以降は閉鎖が多かった。スロヴァキアのブラチスラバからドナウ河沿いは、街に出会うことが少なく、ホテル泊は難しい。

宿の見つけ方は、自宅で一覧表を作っておくのもいいが、実際に歩き始めると、なかなか目標の場所まで行けない。また体調や天気にも左右されるので、前日か二日前ぐらいに予約する方が賢明だ。

歩き出してからは、町村の役場の観光課、商工経済課、企画調整課、あるいは、町村観光協会に電話すると紹介してもらえる。観光には、どの自治体も力を入れているので、親切に教えてもらえることが多い。ただし、役場は土日は休みなので気を付ける。

ＮＴＴの１０４も使った。目的地に多く登録されている場合は3つぐらいビジネスホテルを教えてもらい、順番に電話をかける。3軒すべて断られたことはない。

宿に泊まったらハローページを借り、次の宿泊地の宿の電話番号をメモした。

ヨーロッパのＹＨは、電話予約した。これはかなり難しく、英会話は対面ならわかることが多いが、電話だとヒアリングに相当慣れないと相手の話す英語がわからない場合がある。とくに、フロントの閉まる時間を聞きまちがえることが多かった。ホテルなどは、予約せず、その日に着いてから探す、または街のインフォメーションに行って紹介してもらった。これは、一日歩いてどこまで行けるかわからないからである。予約すると、どうしても無理して歩くので、ケガや事故につなががりやすい、と考えたのだ。現在は、どんな宿泊設備もインターネットでの予約が増え、電話で受け付けてくれない場合があるため、スマホでインターネットの予約ができるようにしておいた方がいい。ヨーロッパではＹＨは、世界のあらゆる国から来るので、必ず英語が話せる人はいるが、地方の小さいホテルでは英語が話せないフロント係もいる（55ページの「宿泊」も参照）。

Ｂ・テント

どこでも、いつでも泊まれる、という魅力があるが、荷物が重くなる。テントを使いたい人は実際にテントで寝てみることをお奨めする。国内のＣＳに行って、１、２泊してみたらよい。若いときにやったことがあるから大丈夫という甘い観測は禁物だ。50歳以上になると腰や背中が痛むかも知れない。初めてテントに寝るという人は、寝られないかもしれない。

日本縦断では、張る場所に困った。とくに最近は、血生臭い事件が起きたり、子どもにからむ事件も多発しているので、１９６０年代のように「公園」に張るのは難しい。公園は、住民の安全パトロール隊が必ず巡回に来ており、すぐ警察に通報される。潔白だから、恐れることはないが、せっかく寝ていても起こされ、職務質問に答えるのはわずらわしい。

私は、海岸と橋の下と家が近くにない神社にテントを張った。お寺は、住職さんがいるので、難しい。

国内でも意外にも、キャンプ場は多くあった。しかし、歩行距離の関係で早すぎたり、その日の泊まりには遠すぎたりして、私は一度しか利用しなかった（154ページの「テントの効用」も参照）。ヨーロッパでは、スイスとドイツは、常設または季節のCSしかテント泊を認めていない。ヨーロッパ縦断後半では忠実に守った。今回は、初めこそCSに泊まったが、ドナウ川沿いに点々と炉の跡が出てきて、「なんだ、こんな所にも泊まっているではないか」と思い、常設・季節CS以外にもテントを張った。事実、ヨーロッパの人も私の近くにテントを張った。ただ、なるべくまわりから見えない所を見つけて張るようにした。

C・駅舎、バス停

①駅舎は、戸締まりをしている所もあるし、トイレを封鎖している所もある。プラットフォームだけの駅もあるので気をつける。空間が大きすぎて寒かったり、夏は蚊取り線香がいる。

②東北と北海道のバス停は、ほとんど建物があるが、他の地域は、建物があるとはかぎらない。不審人物に見られるので市街地にあるバス停は避けた方がよい。バス停にはトイレがないので、これも不便な点だ。少ないがトイレ付きのバス停もある。

③道の駅は、使っていない。トイレもあって、便利だが、24時間不特定多数の人が立ち寄り、街灯が明々と点いて、安眠できないので泊まらなかった。（車で旅行しているときはよく使っている）それと、1日40㎞くらい歩ける人は使える可能性が高いが、歩行距離が短いと、適当な時刻に道の駅に行けない。

ヨーロッパでは、スペインで一度だけ列車が走る廃駅の敷地にテントを張った。歩いている道が、国道、州道、自転車道で鉄道から離れていることが多く、駅に出会うことがほとんどなかった。

9 薬

持病のある方は必ずお医者さんから薬をもらっておく。普通2週間分くらいしか出してもらえないので、事情を話して必要日数分出してもらう。

風邪薬、解熱剤、腹痛薬、消毒液、メンソレ、カットバン、抗生物質は持参する。なお、歩いているときも病院を意識して見ておくことをおすすめする。私は日本縦断中、ヨーロッパでも一度も病院のお世話にはならなかったが、常に「ここに病院がある」と意識して歩いた。

10 最良の地図

一度地図の話はしたが、いよいよ本格的な『歩く旅』になると地図の利用が多くなる。一番いいのは、国土地理院の5万分の1地形図である。私は、佐多岬〜人吉市間は13枚、幌延〜宗谷岬間は5枚、国内の旧街道は5万分の1を持参して歩いた。ところが、5万分の1は、登山体験があって日常的に見慣れていると役立つが、初めての人には向かない。枚数も膨大な数になり、とても全部は持てない。

自治体の出す街道地図

中山道は、岐阜県、長野県の観光協会が自分の県の範囲の詳細な地図を5万分の1で目標も記入したカラー刷りの地図を出しているのでとても便利である。

実際に使った地図　そこで、私は長距離の『歩く旅』ではほとんどドライブ用の道路地図（20万分の1、昭文社・2003年発行）を使うことにした。一度も帰宅せず歩く場合は、この道路地図の必要分だけ切り離して持参した。日本縦断では、4月に必ず帰宅することがわかっていたので、九州・中国・近畿分のみ持参した。再開するときに北陸・東北分を持参し、北海道部分は、子どものマンションに送っておいた。通過したら、持ち物を軽くするために自宅に郵送した。

道路地図の長所・短所　長所は、広い範囲がわかる、二日、三日間の範囲が見渡せることだ。温泉のマークがあり、宿の見当がつけやすい、観光名所・神社仏閣もわかりやすい。

短所は、細かい所がまったくわからない。集落に入るには、どの道がいいのか、出るにはどの道がいいのか、わからず苦労したが、これは、歩きながら体験を積むしかない。しいて言うなら、墓地、道祖神、お地蔵さん、東北では「百万遍」の石、昔からの石造道標が集落の出入り口にあることが多い。なお、20万分の1より縮尺が大きいと、あまり役立たない（縮尺50万分の1以上など）。

ヨーロッパでは、2019年に自転車用の5万分の1の地図が入手できて便利だった（Bikeline Radtourenbuch（ドイツ語版）www.Esterbauer.com）。

大きい書店や大阪、東京の地図専門店に行くとヨーロッパ各国の20万分の1の地図は購入できる。国によって50万分の1になると、利用しにくい。

以上で『歩く旅』の準備はできた。ここまで個人差はあると思うが、1〜3年間かかるのではないだろうか。

[三]『歩く旅』に出る

150㎞から200㎞以上の長旅になるので、慎重に自分が興味の持てる、楽しめる道を見つけて歩いてほしい。私は、

塩の道（糸魚川〜松本）150㎞
お伊勢参り（大阪・茨木の自宅〜伊勢神宮）150㎞
熊野古道（京都御所〜熊野本宮大社）250㎞
秋葉街道（松本〜掛川）283㎞
五街道の東海道、中山道、甲州街道、日光街道、奥州街道等を歩いた。
東経135度線を歩く（明石〜網野）も候補に挙がる。

①自分の体力と気力
②天気と自分の体力
③何日目にマメができ、つぶれ、足の裏が固まるか。
④宿の見つけ方

⑤方向感覚
⑥歩いていて「本当に」楽しいか
などを見きわめる。ここで留意してほしいのは、宿泊を伴う『歩く旅』になると、日帰りとちがって担ぐ荷物が重くなり、率直に言ってしんどいので、気楽には歩けない。しんどくて、おもしろくなかったら『歩く旅』はやめた方がいい。定年退職後の趣味・遊びなのだから、楽しくできることの方がいい。そのときは、別のことを探してみることだ。

この4泊5日の歩く旅ができるようになれば前途は開かれる。この4泊5日を繰り返しで日本縦断ができるし、その発展の上に世界のどこかの道を歩くという大きな計画を実施することが可能になる。

[四] 旅にかかわること

1 費用

4泊5日の旅で約5万円+自宅から出発点と終点から帰る交通費が必要となる。日本縦断やヨーロッパを歩くと、一回につき総額100~120万円必要である。

国内では、現金は1週間分くらいだけ持ち、郵便貯金のキャッシュカードを持参した。郵便局は私が歩いた行程すべてにあった。キャッシュカードと財布は必ず別に保管した方がいい。一度財布を落として、その中にキャッシュカードを入れていたので蒼くなった。幸い拾った人が店の人に届け、店の人が警察に届けてくださったので手元に戻り、こと無きを得た。

「歩く旅」はあまり費用がかからないと勝手に思っていたが、大まちがいだった。考えてみれば、船のクルーズは遅いけれども一番高価であるように、「歩く旅」は、一番贅沢な旅なのかもしれない。

何日かかるかでまったく違ってくる。日本縦断北上コースでは3回帰阪することになったので、往復旅費がばかにならない金額になった。3回の往復込みで一日1万円弱使った計算になる。宿泊費が6000円前後かかり、これが一番大きなウエートを占める。従って宿泊設備を減らすと、安くなる。

日本縦断北上コースに出発するときは、90日間を予定していたが、結果は137日間かかった。これは、中断したことによりペースが落ちて一日の歩行距離が結果として23㎞平均に終わったことによる。油の乗った4月中旬、帰阪直前は1日に35㎞くらい歩けるまでになっていた。このペースで行けば、115日間で到達できた可能性がある。1000㎞以上のときはできれば、通しで歩くことをおすすめする。せめて前半と後半の2回に分けて歩く方が交通費の節約になる。

ヨーロッパは、キャッシュパスポートとVISAカードと5万円を持参した。

2　ルート

これは自分の考え・主観・思い・気分・興味によるから、自分が行きたい行程を探し選んでほしい。たとえば、城をつないで歩く、一の宮またはお寺をつないで歩く、花を眺める旅をする等々。

私は史跡巡りが大好きだが、寄るのは視界に入る範囲、または片道100m以内、と決めておいた。往復500mから1㎞もあると、歩いての旅だから、時間がかかるし、期待外れのときは、気力が落ちることを恐れたからだ。ただし、地元の人が奨めてくれたときは、片道1㎞、2㎞あっても訪ねたこともあった。

海外も、個人の好みや考え、体力によって決めたらいい。若いときに「行ってみたい」「あこがれた」と思った所を選ぶのもいい。私は、ヨーロッパを選んだが、人によってはヨーロッパがいいとはかぎらないからだ。

3　目標

日本縦断は「人間性を豊かにする」を目標にした。宗谷岬から佐多岬、四国一周、ヨーロッパの3回は「東日本大震災への援助に感謝する」「現在は、こんな状況です」を広報する、「ライン河を知る」「ドナウ河を知る」「楽しく、歩ききる」という目標を持って歩いた。決まらないときは、ボンヤリしたものでも持っている方が、苦しいときに踏ん張りがきく。

4　停止する勇気

日本縦断等、長距離の『歩く旅』のとき、到達することが望ましいが、旅をしている間にどういう事態が起こるか予測できない。私の場合、妻が脳梗塞になった。さらに私たちの年齢では、親の介護もありうる。

日本列島もヨーロッパ大陸も逃げない。家族が病気になっているのに歩いていても楽しくない。気がかりのまま歩くより、役に立たなくてもいったん帰宅して家族が元気になってから歩いた方が気持ちよく歩ける。妻の発病で秋田から帰阪し、三ヵ月後に妻が回復してから再開した。

登山でも、私がまだ血気盛んな20代の頃、新穂高から槍ヶ岳をめざした。ところが台風が接近しつつあり、荒れることが予想された。私は、続行を主張したが、説得され、しかたなく撤退した。そして36年後の64歳で、徳沢側から登り、快晴の頂上に立つことができた。

5　記録

私は妻から「記録魔」とよく言われる。小型ノートを2～4冊使った。ボールペンも2本使った。しかし、正直言って面倒くさいし、とくに雨の日は苦労する。記録ノートには疲れて書く日や書かない日が出るにちがいないと思い、妻にハガキを一日1通出すことを自分に課した、それを保管しておいて、それを元にこの文章を書いている。

6　写真

写真を撮らなくても、印象に残った所は、心にくっきりと残る。私はデジタルカメラを持参して、日本縦断では900枚、ヨーロッパ縦断では1600枚、ドナウ河の旅では1200枚撮ったが、いい写真がほとんどない。

[五] 旅に出てから

1 元気に帰宅する。

元気に帰宅することが、もっとも大切である。定年退職後の第三の人生をスタートするために行う『歩く旅』だから、けがをしたり、まして命を失うことなど、あってはならない。そのためには〝安全第一〟を心がける。60歳代になると、とくに反射神経が落ちているので、

○歩道のないトンネル
○歩道のない国道・府県道
○右カーブ
○歩道がない橋の上での強風と強い雨
○追い越しの車
○10～20㎝の段差（何かの拍子につまずいて捻挫する。これが一番ケガしやすい！）
○駅や旅館の階段

には、十分気をつける。また、外国では、夜は危険なので外出はできるだけしない。

北海道は道幅が広いので、車のスピードが速いのでくれぐれも気をつける。ヨーロッパの普通車も同じである。

2　道路の横断

分離歩道は、進行方向の右側についているとはかぎらない。左側にあると、道路を横断しなければならない。歩道が付け変わるところにはほとんど横断歩道があり、左右を十分、確認してから、渡る。歩道が何回も付け変わるので何回も右側、左側と渡る道路もある。分離歩道が草に覆われて歩けない所もあった。そんなときは車道を歩くが、車の方はまさか人が歩いているとは思っていないので、右カーブの所はとくに気をつけてほしい。左カーブは互いに認識できる。

余談だが、もし、写真を撮ることを主にされる方は、日本海側は、北から南へ、太平洋側は、南から北へ歩かれるほうがよい。日本は右側通行なので、その方がガードレールにじゃまされずに撮影できる。日本縦断では、ガードレールが画面を占領している写真がとても多かった。また、意識して「撮ろう」と思ったときは、左側に行って撮った。

3　昼食

私は、朝食をとらない習慣である。そのため、温泉旅館、旅館、民宿では、おにぎりを作ってもらえるところは、たのみ、それを昼食にした。O―157の関係で断られる所も多い。

九州では、ほっかほっか弁当のお店があったのでそれを買った。中国地区から北海道地区は、ほっかほっか弁当が見つからず、ほとんど、パンとバナナとサラダだった。

もちろん、食堂・レストランが時間帯（11：00頃～13：00）にあれば入った。　食堂やレストランは、時間がかかるのが難点だ。コンビニの弁当とおにぎりは、胸やけすることがたびたびあったので避けた。食料は、常に一食分は余分に持って歩くことをおすすめする。集落に小売店がないことが多いからだ。

ヨーロッパでは、昼食にレストランに入ると2時間はかかる。それで、パン、果物、ハムを買って水で昼食にすることが多かった。正午前後で、体力に余裕があるときは、レストランに出会えば入った。

4　トイレ

日本縦断でもヨーロッパでも一番困ったことの一つである。歩く旅人のためのトイレは皆無だ。車社会になって「道の駅」ができたのはいいのだが、歩く旅には、ほとんど使えなかった。「道の駅」と「道の駅」の間隔が遠すぎる。一日40㎞くらい歩ける人は使えるのではないか。

基本は、宿ですまして出発する。次はJRの駅や私鉄の駅のトイレを使わせてもらう。コンビニは、何か一つ買って使わせてもらう。公共機関を使わせてもらったこともある（役場、デイケアセンターなど）。

トイレは、とくに女性にとっては大きな課題だと思う。

5　話す

日本縦断で私は人と話すことがほとんどできなかった。もし地域の人や声を掛けて下さった人があれば話をするといいのだが、予想以上に人がいなかった。国道や県道は、自分一人だけと思ったほうがいい。鹿児島県の大隅半島や北海道の羽幌から遠別までの二日間、国道で人にはまったく会わなかった。街中を通るときも話しかけてくる人は少ない。他人とかかわることで、事故や事件に巻き込まれることになるからなのかもしれない。日本縦断北上コースで3000km以上も歩いたのに、道で会って話したのは、小・中・高校生も含めて20人くらいだった、と思う。

私の雰囲気もあったのかもしれないと反省している。ところが、プレートと笠が珍しかったのか、ヨーロッパでは多くの人と話ができた。

6　写真・メモをとるとき

一度だけ、左肘をバックミラーが軽くかすめたことがあったので、安全を確認してから行うこと。路側帯が狭い所は、十分に気をつけてほしい。

7　水分補給

5月中旬以降から9月前半までは、水の補給が大切だ。今は自動販売機で入手できると思うが、それでも、津軽半島の西側、北海道の日本海側厚田村以北、宗谷岬から浜頓別までのオホーツク海側は、まったく自動販売機が見あたらない区間があるので気をつける。

8　家への連絡

私は、毎日ハガキを出していたからいいだろう、と思って区切りの所でしか電話をしなかった。（たとえば、ＪＲ熊本駅、関門海峡に着いたなど）メールは随時送っていた。日本縦断を終わって妻から、「せめて一週間に一度、金曜か土曜には電話してほしかった」と言われた。妻の発病も娘の電話で初めて知ったのだから、褒められた話ではない。

ヨーロッパからは、３日に一度　ラインでメールと写真を送った。電話は時差が８時間あるので難しい。

9　一日の終了点

その日どこでやめるのかを午後３時半までには決めた方がいい。宿が決まっていれば、比較的停止しやすいが、テントや駅舎を使うときは、この時刻には決めておかないと慌てる。９月中旬以後は早く日が暮れるので、午後３時頃には決める。私の場合、倶利伽羅峠、ＪＲ千畳敷駅、ＪＲ然別駅が失敗例だ。青森県五能線の千畳敷駅で泊まろうと思ったが、来てみたらプラットフォームだけの駅だった。そのため、さらに４㎞歩くことになった。ヨーロッパは、６、７月は日没が午後９時30分頃なので、午後５時頃には泊まるところを考えた方がいい。

10　ひげを剃る

宿に飛び込みでお願いするときには、不審者と思われないように髭をそって、外観は普通にしておいた方がよい。私は普段はものぐさで髭を剃らないときもあるのに、日本縦断やヨーロッパでは、毎日剃った。散髪も一ヵ月に一回はした。宿は、その人の外観で決められる。予約してあればいいが、いつもできるとはかぎらないからだ。

11　慎重に、しかし経験は活かして

「歩く」ことぐらい簡単だ、昔は、登山で30数kgを担ぎ、50kmも歩いた、軽い、軽い、と思って歩いていたら、どこかで体の故障が起こる。とくに膝やくるぶしを痛める。初めの1週間はゆっくり歩いた方が、あとから調子が出てきて、快調に歩ける。妻の話によると、日本縦断北上コースでは関門海峡をすぎて山口県や島根県に入ると、進む速度が急に速くなった感じがしたそうだ。しかし、いままでの体験で得た「知恵」や「カン」をおおいに活用してほしい。

どうか、『歩く旅』を元気で楽しまれることを願っている。

Where there is a will, there is a way.（『意志ある所に道あり』）

装備一覧（国内、ヨーロッパ共通）

【1】服装

長袖シャツ（春秋用）　※1
登山用ズボン（春秋用）　※1
ベルト
Tシャツ　※2
クレープロングパンツ（すててこ）
ブリーフ
夏用薄い靴下
厚い毛糸の靴下
☆着替え用
Tシャツ1枚　※3
クレープロングパンツ1枚　※3
ブリーフ1枚　※3
夏用薄い靴下1組　※3
タオル1　※3
厚いビニール袋（縦40㎝×横26㎝）2つ　※3
ナップサック（縦36㎝×横32㎝）※3
檜笠（または野球帽）
横型ザック（縦40㎝×横50㎝×奥行き30㎝）
（荷物を詰めた状態）
キャラバンシューズ

【2】テント関連

テント本体　※4　※5
テント用ポール　※8
フライ（テント本体を覆う屋根）　※5　※6
フライ用ポール　※8
ペグ（杭）6本　※6
ペグを打つカナヅチか石
フライをペグに結ぶ短いロープ6本（靴紐2本と兼ねる）　※6
厚いビニール袋（縦40㎝×横30㎝）1つ　※6
冬用寝袋（日本で6～8月は夏用で十分）　※7
薄い大きいビニール袋（ゴミ用45ℓ）　※7
発泡スチロールマット　※8
マットを入れる袋　※8

【3】雨具

上下分離の雨具（ゴアテックス製）　※5　※9
ザックカバー　※5

206

【4】持っていく備品

500cc入りペットボトル2本　※10
水筒入れ2つ（ザックの負い紐に装着）
新聞紙1日分（ビニール袋に入れて防水）　※11
薄い羽毛キルティング（小さいビニール袋に包む）
毛糸セーター（6月が終わると送り返す）
針金ハンガー1つ
物干し用ロープ1.5m
薬　※12
（喘息飲み薬90日分、吸入剤3本、痛風60日分、睡眠薬10回分、かぜ薬5服、消化剤3服、化膿止め、消毒薬1瓶、うがい薬、解熱・胃腸用の抗生物質5服、メンソレータム、紙バン10枚、サロンパス5枚、バファリン5錠）、薬を入れる箱一つまたは二つ
蚊取り線香2巻き、虫よけスプレー
糸1巻き小、針3本、爪切り、耳ほり
非常食（アルミ缶にカンパンと氷砂糖）1缶
軍手1組
小型ヘッドランプ（単4が3個入り）　※13
歯磨き粉、歯ブラシ、カミソリ
ウエストポーチ
ライター、灰皿
財布、小型記録ノート、赤・黒ボールペン、赤サインペン、小型ノート予備1冊
黒ボールペン換え芯2本
デジカメ
タオル
スマートホン
スマートホンの充電器
デジカメの充電器
充電器を入れるチャック付き袋
ティッシュ2つ
万歩計
予備の万歩計用電池1つ　※14
小ドライバー（4cm以下）　※15
タバコ1箱※16
方位磁石
ルーペ　※17
温度計
地図（国内、5万分の1または自動車用地図）
国別地図（海外、20万分の1または50万分の1）　※18
自転車用地図（海外）3冊
ハガキ（日数分）

あめ5粒
レジ袋2つ　※19
杖（必要な人のみ）

【5】渡航（海外を歩く時）

パスポート
国際免許証　※20
国内免許証
パスポートのコピー　※21
顔写真2枚4.5㎝×3.5㎝　※21
戸籍抄本
パスポートを入れる首から提げるケース
キャッシュ・パスポート2枚（正と予備）
VISAカード
海外旅行損害保険証と説明書
往復航空券　※22
クリアファイル、ビニール袋　※23
日本円現金5万円　※24
杖は2013年は持参したが、以後持参せず。

註

※1　ヨーロッパでは夏用は朝夕寒い。とくにテント泊では寒く寝にくい。冬用は歩くとき、午後暑すぎる。なお、ズボンはポケットが網状のものは磁石、万歩計を出しにくい。普通の袋状がいい。ポケットの数は多い方が便利。
※2　木綿、化繊は乾きにくいので、速乾性のものがいい。
※3　この5点を丈夫なビニール袋に入れ、さらに別のビニール袋に入れる。二重の防水をしないと、雨のときに濡れたことがある。二重に包んだ着替えをナップサックに入れる。ナップサックは、観光に行くとき使用。
※4　岩壁のアタック用テントがあり、ポール込みで820g。高価だが軽いし、ザックや靴をテント内に入れても私には十分な広さで、組み立ても速い。
※5　防水スプレーを必ず吹き付けて、雨がしみこまないようにする。
※6　フライと紐6本とペグをビニール袋に包む。雨のあと、包まずにそのまま入れるとザックの中が濡れる。
※7　2014年に荷物を軽くしたくて、夏用を持参

したが、6月前半と8月下旬以後は寒くて寝にくかった。ゴミ用の大きいビニール袋に包んで、寝袋用袋に収める（雨のとき、濡れるのを防ぐため）。
※8　この袋にマット、テント用、フライ用ポールを一緒に入れ、ザックの下に装着する。
※9　これも高価だが通気性に優れ、よく雨を防ぐ。上着のポケットが開閉しやすいかを着て試しておくとよい。
※10　空港で荷物検査が済むまで水は入れない。水が入っていると没収される。
※11　保温用（長袖とTシャツの間に入れる）と、雨がテント内にしみこんできたとき、水を吸い取るため。
※12　喘息と痛風の薬は1つの缶、他は、小さいタッパーに納めた。
※13　電池は、現地のスーパーマーケット、電器店で買える。
※14　万歩計の電池は、歩いている途中になくなることがある。
※15　万歩計の電池を入れ替えるときに必要だが、8㎝以上になると荷物検査で没収される（実際、8㎝くらいのドライバーを持参していたが、荷物検査で没収された。実は預かりで、海外の空港で返却されるが、取りに行くのが面倒でそのまま空港を出た。現地で4㎝くらいのを買った）。
※16　なくなったら現地で買う。ただし1箱が高い（800～900円）。
※17　老眼のため、地図の小さい字やアルファベットが読めない。
※18　必要な部分のみ切り取って持参する。他は自宅に保管（荷を軽くするのが一番大切）。
※19　食料調達のとき、スーパーマーケット、お店で必要。ビニール袋はもらえない。
※20　日数が不足するとき、レンタカーを借りるかもしれない。歩く旅では一度も使っていないが。念のために持参している。
※21　パスポートが盗難にあったとき、現地大使館で再発行を求めるため。
再発行には、
○現地警察署の盗難か紛失証明書
○紛失届け（現地日本大使館に備え付け）
○パスポート発給申請書（現地日本大使館に備え付け）
○戸籍謄本または本籍地が記載された住民票（発行して6ヵ月以内のもの）

○航空券
○顔写真2枚（縦4.5×横3.5㎝無背景）が求められる。
○　5年用11000円、10年用16000円必要書類を持って現地日本大使館または日本総領事館へ行く。3週間くらいかかる。大使館などは、緊急時24時間対応。申請に大使館などに出かけるが、開館時間は、日本国内とちがう場合がある。
☆自分が旅する国の日本大使館の住所、電話番号を控えて行くことをすすめる。
☆すぐ帰国する必要があるときには、『渡航書発給申請書』を提出し『一時渡航書』を発行してもらう。1～3日かかり、費用2500円。

パスポートについて詳しく書いたのは
①紛失、盗難の例を複数の知人から聞いている。外務省のお知らせニュースを読んでも盗難や紛失は多い。
②YHとホテルに宿泊するときには、提示を求められたり、ホテルが預かったりする場合もある。国境を越えるときもいるし、パスポートは絶対必要である。
※22　格安航空券は、半年前に予約するとパソコンに送信され、自宅でA4サイズ2枚に印刷しておく。
※23　行きはすぐ使うが、帰国便は持ち歩くので、クリアファイルにはさみ、ビニール袋に包み、濡れないようにしている。
※24　帰国してから空港からの交通費、予備費。海外の空港に着いてすぐ現地通貨を入手するため（国内では当面の費用）。

外国通貨を入手するには
①日本国内で出発する国際空港の『チェンジ』で日本円を外国通貨に両替しておく。
②到着した外国の国際空港の『チェンジ』で両替する。
③到着した国の国際空港内のATMを見つけてキャッシュパスポートで引き出す。
④大都市の街中にある『チェンジ』で日本円と両替する。
の四つの方法があり、自分の一番やりやすい方法を選ぶ。

ただ、硬貨は、現地の②と④しか入手できない。トイレ・電車・バス・地下鉄を考えると必ず小額硬貨が必要だ。乗り物は紙幣で支払っても、おつりをくれないことがある。10000、5000ユーロの高額紙幣は日常では使いにくい。1000、500、100ユーロの紙幣と両替することをすすめる。

参考1

以下の話は現地に着いてからであるが、有名観光地には（今年の私の場合、ウィーン、ブダペスト、ベオグラード）には、観光客向けの『ウィーン・カード』などの1日券や3日券が販売されている。トラム、バス、地下鉄、近郊電車乗り放題、下車自由、博物館などの割引があり、とても便利である。トラム、地下鉄、近郊電車には自動券売機があるが、国によって操作がちがうので、慣れるのに2~3日かかる。

参考2

水は、普通の水と炭酸入りの水があるので、よく確かめてから買う。

☆註で一応説明したが、装備を徹底して濡れないようにすることである。これは、2008年に日本縦断北上コースのとき、6日目に雨にあい、宿に着いてから着替えようとしたら、着替えが濡れていた。点検したら、二重にしていたビニール袋に穴が空いていたことがあった。この失敗から慎重になった。

おわりに

この本を書くにあたって、原稿を三人の方と妻に読んでもらった。『街道歩き』の「スライド上映と話のときは、追体験ができたが、この原稿では追体験ができない」「ドライブ・レコーダーをすべて見る人はいないでしょう。人は、その中の一番よい所を見て楽しむのですよ」という助言は私の考え方や書き方を180度方向転換させた。『日本縦断』以来、一日一日を歩いた順番に忠実に書き記してきた。この書き方は記録としてはよいかもしれないが、読者にとっては退屈なのだ、ということがわかり、原稿をすべて書き直した。助言をいただいた方々に感謝したい。

今回の旅では、セルビアのベオグラードに4日間滞在したが、歩いてベオグラードに行ったのではなく、交通機関を使用したのでこの旅行記には掲載しなかった。

『76歳　ドナウ河1600kmを歩く―源流からブダペストへ―』を書き終えて、歩く道でこれほど旅の内容が変わるのか、と心の底から思う。全行程1623㎞のほとんどを自転車道や地元の人が使っているドナウ河沿いの道を歩いたことで、たくさんの人々と話すことができた。178組の人々と写真を撮り、話をした。2人以上の方が多かったので、たぶん300人を超える人と話した。写真を撮らずに話だけした方々もいたので、400人近い人と話している。カフェ、レストラン、ホテルで話した人数は、『ヨーロッパ縦断』のときと変わらないが、今回は道で話した人が圧倒的に多い。それは、人の写真の数が3倍も多いことからもわかる。

このように多くの人々と出会う道を歩くようになったきっかけは、6月14日（金）4日目Todnauの町を出てWiese川沿いを歩いていたとき、車道から分岐するハイキング道に気付き、「この道を行こう」と決断したことだ。そのとき20万分の1の地図しか持っていなかった私が、外国のハイキング道に入るのは「無謀」と言われるかもしれない。道標にその日の宿泊地Feldbergの地名が標記してあり、歩く方向に確実性がある、と判断したから選んだので、いいかげんに選択したわけではない。ルートの選択は十分慎重にする必要があることは今までの体験からよくわかっている。

今回のドナウ河沿いを歩く旅は「本当に楽しくおもしろい旅だった」と思える。何が楽しくおもしろかったのか。

自分の英会話が、それなりに通じたことである。とりわけ6月23日のドイツ人のタイ仏教僧侶であるカースツンさんや、7月16日に泊めてもらったドイツ人フランクさん、8月3日に夕食をご馳走になりながらウィーン4人組と話したときに、スムーズに会話ができてうれしかったし、楽しかった。

ドナウ河を源流から河沿いを歩き、日本と異なる自然風景を十分に味わった。

ヨーロッパの河川の利用の仕方が、日本と大きく違うことを実際に見たことである。大型貨物船や豪華客船の航行は、日本では考えられないことだ。

脚力の衰えでベオグラードまで歩く計画を達成できなかった。しかし、現実を直視し計画を修正しながら、「どこまで行けるか」を判断し、実行したことがおもしろかった。東欧の国ハンガリーの首都ブダペストまで行けたのだから十分満足できた。

河沿いの史蹟や城跡、古い街並みを自分の気の済むまでゆっくり見学できたことや、沿線5ヵ国の人々の日常生活を少しは見られたこと。

帰国してから思った。

○最後までけがや病気がなく元気に歩き、元気に帰国できた。帰国してからも疲れが出て寝込むこともなかった。日本縦断以後、今回も含めて持病の喘息の薬を飲まなくてもよい状態になった。

○計画通りにはいかなかったが、バーゼル～ブダペスト間1623kmを歩ききった、という達成感。

○日本人では、まだ多くの人がやっていないドナウ河沿いを歩いた、という満足感。

ヨーロッパは、河沿いに歩いてみたいと思うのに、日本では川沿いに歩いてみようとはあまり思わない。中山道などの街道を歩く方がよほどおもしろい。日本の川沿いには歴史遺産がほとんどない。道も川沿いにない所も多いので、歩く気がしない。

一日20kmずつでも毎日歩くのは気力と体力がいる。そして大切なのは「疲れている。休もう」と自覚することだ。無理すると、どこかにヒズミが出て来る。そしてケガや事故につながる。脚のケガは歩く旅を中断することになる。

人は、未知のものに憧れ、「冒険」したいと願う。兵庫県豊岡市にある植村直己冒険館が毎年発行している記念誌によれば、日本人も多彩な「冒険」をしていることがわかる。そこに記載された「冒険」のスケールに比べたら私のヨーロッパ縦断、横断徒歩の旅はささやかなものである。しかし、私の知力・体力・経済力を考えれば私が可能な最大限の「冒険」である。

帰国してから「驚くこと」があった。歩いている途中で「妻の健康状態から考えると、今回が最後の外国での歩く旅」だと思っていたが、妻が、「また来年も行ってもいいよ」と言ってくれたことだ。最初は冗談かと思ったが、1週間後改めて妻に確認すると「友人がね、夫の歩く旅を止めたら後で後悔しない?と言われて思い直したわ」「お父さんは、行きたいのを止められたらガクッと来て、体調を壊してしまうような気がするから」。

人生というのはわからない。あきらめていた後半のドナウ河沿いの歩く旅ができるのだ！ 前半の旅の紀行を書きつつ、ブダペストBudapestから黒海までのルートをノートにまとめた。航空機の予約もしたのだが、残念ながら2年続いて、新型コロナ・ウィルスのために断念した。コロナがいつか終息して、自分が元気であれば、再び、ドナウ河畔に立てることを願っている。

この本の出版に賛成し、原稿の校正もしてくれた妻・裕子に感謝する。

せせらぎ出版・山崎亮一氏には、本の構成について適切な助言をいただいた。数回にわたる文章の追加、たび重なる写真の差し替え、追加にも気持ちよく応じていただいた。煩雑をきわめた原稿を見事に整理し、出版してくださった。記して感謝の意を表す。

２０２１年９月

参考文献

『ドナウ河紀行』加藤雅彦（岩波新書）1991年
『ライン河紀行』吾郷慶一（岩波新書）1994年
『日本縦断徒歩の旅』石川文洋（岩波新書）2004年
＊この3冊は、歩く旅をする人に対してさまざまなことを教えてくれる好著。

『ヨーロッパとは何か』増田四郎（岩波新書）1982年
『ヨーロッパの心』犬養道子（岩波新書）2000年
『ドイツ史10講』坂井榮八郎（岩波新書）2011年
『物語ドイツの歴史』阿部謹也（中公新書）2020年
『神聖ローマ帝国』菊池良生（講談社現代新書）2012年

『ハプスブルグ家』江村洋（講談社現代新書）2018年
『物語オーストリアの歴史』山之内克子（中公新書）2019年
＊この２冊は大変おもしろい。

『ハプスブルグ家12の物語』中野京子（光文社新書）2018年
『フランス史10講』柴田三千雄（岩波新書）2012年
『イタリア史10講』北村暁夫（岩波新書）2019年
『物語スペインの歴史』岩根圀和（中公新書）2009年
『中世ローマ帝国』渡辺健一（岩波新書）1987年

『遠くて近い国トルコ』大島直政（中公新書）1977年
＊戦後のトルコを知るには、これほどおもしろい本はない。

『オスマン帝国』小笠原弘幸（中公新書）2019年
『中世の風景上・下』網野善彦他3名（中公新書）1981年
『ローマ教皇史』鈴木宣明（教育社）1980年

『世界史とヨーロッパ』岡崎勝世（講談社現代新書）2011年
『バルカン』マーク・マゾワー／井上廣美訳（中公新書）2017年
『ユーゴスラヴィア現代史』柴宜弘（岩波新書）2017年
『ジプシーを訪ねて』関口義人（岩波新書）2011年
『ライン河』加藤雅彦（岩波新書）1999年
『シルクロード』深田久弥（角川選書）1976年
『講座世界歴史』10巻～24巻（岩波書店）1979年

『地球の歩き方』南ドイツ、ウィーン・オーストリア、ハンガリー、中欧（ダイヤモンド社）2017年

『日本交通史』児玉幸多編（吉川弘文館）1992年
『日本の街道』竹内誠監修（三省堂）2015年
＊この２冊は、これから『歩く旅』を始める人のために

『道路の日本史』武部健一（中公新書）2015年
『熊野古道』小山靖憲（岩波新書）2011年
＊この２冊はとてもおもしろい。

『江戸の旅』今野信雄（岩波新書）1986年
『西行』高橋英夫（中公新書）2013年
『お伊勢まいり』鎌田道隆（中公新書 ）2013年
『東海道五十三次』岸井良衛（ 中公新書 ）1985年
『おくのほそ道』佐伯梅友（三省堂）1972年

『君に逢いに行く』塚口肇（サント・アン）2001年　非売品（日本縦断の本）
『90日間ヨーロッパ歩き旅』塚口肇（書肆侃侃房）2014年
＊塚口肇氏は、2013年に三好とともにロカ岬～ジュネーヴ間を歩いた人。

三好 惇二 （みよし　じゅんじ）

大阪府茨木市在住　78歳

1943年　島根県日原町（現津和野町）で生まれる

1965年　大阪学芸大学理学科卒業し、大阪府寝屋川市の中学校教師（理科）となる

1969年　立命館大学Ⅱ部文学部を卒業し、社会科担当に変わる

1998年　わが子二人を山村留学へ出す

2001年　脳梗塞を患う。４ヵ月病気休職。2002年復職

2003年　定年退職し、全国の山村留学地の調査と山村留学修園生へのインタビューを始める

趣味の山歩きを『街道歩き』に変える

2015年　『山村留学へ行きませんか』を出版、この年から茨木市で保護者向け山村留学説明会開催

2017年　この年から高齢者施設で『街道を歩く』のお話し会を始める

2021年　『76歳　ドナウ河1600kmを歩く－源流からブダペストへ－』を出版

趣味　　街道を歩く、映画、読書

●装幀　　上野かおる
●地図製作　合田修二

76歳 ドナウ河1600kmを歩く －源流からブダペストへ－

2021年11月30日　第1刷発行
著　者　三好惇二
発行者　山崎亮一
発行所　せせらぎ出版
〒530-0043　大阪市北区天満1-6-8 六甲天満ビル10階
TEL 06-6357-6916　FAX 06-6357-9279
郵便振替　00950-7-319527
https://www.seseragi-s.com/
印刷・製本所　株式会社関西共同印刷所

ISBN 978-4-88416-280-1